Adhémard LESFARGUES-LAGRANGE

NOS MÉDECINS BORDELAIS

En 1878

DEUXIÈME SÉRIE

Prix : 1 franc.

BORDEAUX
IMPRIMERIE GÉNÉRALE D'ÉMILE CRUGY
16, rue et hôtel Saint-Siméon, 16
1878

AUX LECTEURS

> Seule, la logique devrait
> être un morceau de roi !

Cette préface est d'une importance de premier ordre.
Je prie le lecteur de la parcourir attentivement.
En clôturant la première série des *Médecins bordelais en 1878*, j'annonçais que la deuxième « comprendrait *probablement* les professeurs et les agrégés de la nouvelle Faculté de médecine. » Le mot *probablement* était fort bien à sa place, puisque les événements survenus ont montré qu'en l'employant je faisais acte de prévoyance. On connaît un peu les hommes.
Une promesse probable est une chose aléatoire à la merci des circonstances. Et si le lecteur n'a pas actuellement sous les yeux, ainsi que je l'avais fait pressentir, une série spécialement formée de médecins chargés de fonctions près la nouvelle Faculté de médecine, il comprendra qu'il n'y a pas précisément de ma faute ; il verra que j'ai été mis dans l'obligation de faire un choix d'hom-

mes sur l'intelligence desquels je devais pouvoir compter, intelligence qui doit me mettre relativement à l'abri d'extrémités inexplicables dont j'ai été menacé par des guetteurs inassouvis autant qu'inintelligents.

On trouvera cependant dans cette série, mêlés à d'autres, des noms de titulaires aux nouvelles chaires.

N'allez pas croire que j'aie renoncé à placer dans ma galerie ceux qui, par leur situation, m'appartiennent d'une façon absolue; mais avant de parler de certains professeurs, j'ai cru devoir attendre qu'ils aient pu fournir des preuves de leur savoir dans l'accomplissement d'une mission dont il est facile de comprendre la grande portée. Il est évident que pas mal d'entre eux sont d'ores et déjà mis dans l'alternative de travailler avec un acharnement sans égal ou de résilier en quelque sorte le pacte scientifique auxquel ils sont liés. On ne fait pas toujours des professeurs à coups de décrets, mais on fait toujours des titulaires de chaires, et si ces titulaires se trouvaient à court vis-à-vis d'une partie de leurs élèves, qu'adviendrait-il? Cela se conçoit!... Ce prestige dont on a tant parlé ne peut suffire ou ne suffit qu'un instant : il faut le savoir et le talent, l'un et l'autre palpables et incontestés.

Le moment est peut-être opportun pour essayer d'établir une spécification concernant un point essentiel qui ne peut manquer d'entraîner à sa suite des controverses plus ou moins sensées. Les médecins sont-ils, oui ou non, des hommes publics? La logique dit *oui* et la routine dit *non!...* Peu nous importe la routine, qui représente l'ancien régime. Nous devons la mettre de côté et songer à l'avenir; il faut que les médecins deviennent des hommes publics : c'est une question de vie ou de mort pour l'humanité.

Comment! on aurait le droit de toucher aux hommes politiques parce qu'ils ont entre leurs mains la fortune publique et qu'ils remplissent des fonctions salariées par l'État, et on n'aurait pas celui de toucher à des personnalités desquelles dépend la santé de tout le monde, qui est la première des fortunes? Mais ce serait la plus criante des absurdités!...

Et quant à cette solidarité que l'on fait sonner bien haut, il faut que l'on sache qu'il n'en est qu'une : la solidarité générale, universelle, que nous ne pouvons que pressentir sans pouvoir la discuter ; quant aux autres prétendues solidarités, ce sont des singeries idiotes capables de marcher bras-dessus bras-dessous avec ce que l'on appelle la fraternité. Soyons solidaires de nous-mêmes, ce qui est déjà beaucoup, et ne cherchons pas à couvrir des êtres que nous ne devons connaître que superficiellement.

Je n'ai pas entrepris à la légère la présente publication, et je ne comprends pas que l'on ait pu se méprendre sur mes intentions. N'ai-je pas, dans la mesure de mes forces, combattu, dans la première série des *Médecins bordelais*, le charlatanisme, qui est une plaie, pour faire la place à la science propre, qui doit seule inspirer la confiance ? Est-ce que ce n'est pas honorer au fond une corporation que de lui élever un monument littéraire aussi nouveau qu'original et aussi impartial que possible ? Quand j'aurai clôturé mes séries, elles formeront, réunies ensemble, un fort volume, qui sera unique en son genre, car je ne crains pas d'affirmer qu'on ne trouvera dans aucune ville de France, dans aucune bibliothèque, une œuvre semblable sous le rapport du fond et de la forme.

J'ai donc eu vraiment l'intention d'honorer la médecine locale, et j'attends que l'on me prouve que j'ai fait fausse route. Je ne cesserai aussi de répéter ce que j'ai dit déjà : ce sont les discussions au grand jour, à la lumière, que j'appelle en toutes occasions, que j'exigerai même en toutes circonstances. Pourquoi ne pas en avoir tenu compte ? Quelle valeur foncière peuvent avoir des insinuations tortueuses et occultes, des accusations générales alors qu'il serait si facile de spécifier!

Qu'est-il arrivé?

A son apparition, mon livre, qui aurait dû être accueilli avec un sourire de satisfaction par le corps médical, a soulevé une de ces tempêtes dont on ne devrait trouver l'exemple que sur les mers qui baignent certaines contrées de l'Afrique. Tempêtes hors de saison et tout à fait impuissantes, puisque la petite barque qu'elles avaient pour but de couler vogue encore sur la mer bleue, avec un pavillon où figure, il est vrai, cette inscription : *La logique est un morceau de roi!* »

C'est le moment de glisser à l'oreille de mes lecteurs une petite confidence. Tout ce que j'ai écrit jusqu'à ce jour n'est que le prélude d'un travail politique et social taillé en pleine école réaliste — cette école de l'avenir — qui paraîtra avant 1880, échéance qui n'est pas sans points noirs, quoi qu'en disent des insensés à courte vue.

En étudiant toutes sortes de personnalités, j'étudie le caractère humain en détail : c'est ce caractère qui doit servir de base à un système politique; c'est là qu'est le fil d'Ariane qui doit conduire à la lumière véritable, et non à cette chandelle de résine que l'on se plaît à prendre pour de la bougie!

Le cuivre doré est toujours du cuivre, le faux est toujours le faux. Ce n'est pas le superficiel qu'il faut étudier pour traiter les grandes questions, c'est le cœur même de cet animal appelé l'homme, qu'un insensé a qualifié d'animal raisonnable.

Jusqu'à présent on s'est presque borné à soulever un peu le couvercle du POT DE CHAMBRE (c'est le titre que portera mon livre) où grouille la pauvre humanité; je me propose de faire sauter complètement ce couvercle et de montrer aux populations une réalité que l'on rejette au dernier rang alors qu'elle seule commande en maîtresse à des aveugles qui ont des yeux pour ne pas voir.

Un homme profond, Gœthe, appelait la lumière à grands cris. Hélas ! la lumière ne peut servir qu'à ceux qui veulent voir.

Un intelligent idiot, Danton, préconisait l'audace, toujours l'audace. Quelle ânerie dans la bouche d'un homme politique prétendûment républicain ! Qu'est-ce que l'audace ? C'est le Deux-Décembre, c'est tout ce que l'on voudra, mais c'est toujours le chemin du crime !

Ce n'est pas cela qu'il nous faut.

Ce que je veux donner pour base à mon système politique, c'est cette logique dont on ne fait aucun cas, que je n'aperçois que rarement, dont on ne tient aucun compte et sans laquelle il est impossible de GOUVERNER ! En effet, sans logique, il n'est ni prestige, ni justice, ni raison ; et si la logique ne parvient pas à entrer sérieusement en ligne pour jouer le principal rôle dans la politique française, la République peut plier bagage et se préparer à chercher ailleurs une terre fortunée où elle pourra déployer son sublime drapeau.

Mais qu'est-ce donc que votre logique ? me demanderez-vous.

C'est tout simple. Et soyez certains que je n'aurais jamais songé à mettre cette marchandise sur mon enseigne si j'avais été dans l'impossibilité d'en montrer un échantillon.

La logique est un pilier capable de supporter le plus compliqué des échafaudages, de renverser tout ce qui veut s'établir en dehors d'elle ; c'est la lumière issue directement du soleil ; elle est au-dessus de tous les codes ; c'est elle qui se charge de coiffer à sa manière ceux qui préfèrent la flûte de Pan à la lyre d'Apollon ; c'est elle qui fit sortir du trou creusé par le barbier du roi de Phrygie les roseaux qui, au moindre souffle du vent, jetaient à tous les échos cette phrase significative :

Midas, le roi Midas, a des oreilles d'âne !

Allez dire aux hommes de détruire par des jugements l'effet produit par ces roseaux !

La logique, enfin, c'est la colonne contre laquelle je suis appuyé, et d'où je tiens tête en ce moment à la plus formidable coalition qu'un écrivain de province ait jamais vue se mettre en travers de son œuvre de décentralisation ! On a remué ciel et terre pour m'empêcher de continuer les séries des *Médecins bordelais*. On a fait entrevoir à l'horizon non-seulement le fort du Hâ, mais de superbes coups de poing. Tout cela me fait hausser les épaules.

Je devrais cependant, pour donner une leçon à ceux qui en ont besoin, raconter en détail les petitesses dont j'ai été assailli; mais je ne le ferai pas : il faut avoir de la raison pour ceux qui en sont privés, et il faut surtout être patient.

Ah ! docteur Delmas, combien votre établissement est d'utilité publique ! Préparez-vous à recevoir chez vous quelques confrères dont le cerveau a grand besoin de douches. Vous les soignerez bien, n'est-ce pas ? Je compte sur votre obligeance.

Quant aux coups de poing en question, ils n'ont guère qu'un inconvénient : je n'ai jamais eu l'honneur de me trouver à même de batailler avec n'importe qui dans la rue ; mais j'ai été souvent le témoin de semblables exploits, et j'ai pu constater que les vêtements s'y détériorent d'une abominable façon. Les habits, ça coûte de l'argent par le temps qui court. Il vaudrait beaucoup mieux, ce me semble, commencer par où l'on devrait immanquablement finir, c'est-à-dire par une rencontre *extra muros* avec du courage au cœur et une arme dans la main, soit un fleuret démouchété, soit un pistolet de combat. Un homme doit en valoir un autre !

C'est compris !

Pour revenir à l'effet produit par ma brochure, je dois dire que les journaux de médecine de notre ville n'ont pas su garder le silence qu'ils avaient imploré ailleurs.

Ils ont d'abord manqué de logique d'une manière évidente.

La *Gazette médicale* fait la première un compte-rendu très-élogieux ; elle parle de « photographies » et d'un « moderne Aristarque qui s'est révélé parmi nous... » En lisant entre les lignes, on comprend aisément que l'auteur de l'article n'est pas fâché au fond, et qu'il attend la suite des séries.

Le *Bordeaux médical* — c'est un mâle ! — chante sur une autre corde : « Inutile, dit-il, de dire un seul mot de
» cette brochure, qui ne se recommande ni par la finesse
» du trait ni par la vigueur des silhouettes ; on n'y trouve
» que de grossières plaisanteries qui ne méritent pas
» l'honneur d'être relevées. »

J'en appelle au millier de lecteurs qui ont parcouru la première série de *Nos Médecins bordelais !* Que pensent-ils de l'esprit des lignes ci-dessus et surtout de la logique dont elles sont épicées ?

Peut-on dire d'une chose qu'elle ne vaut rien, qu'elle ne mérite que le dédain, quand on remue ciel et terre pour la renverser ?

Après le *Bordeaux médical*, la *Gazette médicale*, aiguillonnée cette fois, revient à la charge et publie un article des plus violents et des plus injurieux. Que le lecteur en juge par ce passage :

« Puisque l'occasion se représente de parler de cette
» triste affaire, nous dirons que le corps médical tout
» entier s'est senti atteint dans son honneur et sa dignité

» par la publication dont il s'agit. Nous croyons qu'il sera
» pris de telles mesures que l'auteur, qui doit avoir agi
» *inconsciemment* en cette circonstance, ne sera point tenté
» de recommencer cette belle équipée. Il n'est pas possible
» d'admettre que toute une grande et honorable corpora-
» tion comme la nôtre soit à la merci de l'humeur bilieuse
» et vagabonde du premier scribe venu qui voudra se faire
» l'écho de quelque déclassé honteux ! Que dirait notre
» auteur, si un beau jour l'un de nous entreprenait de
» publier sa charge ou même simplement sa biographie?
» Où se mettraient les rieurs? Qu'il y prenne garde : le
» médecin français est né malin, surtout quand c'est sur
» les bords de la Garonne ! »

J'avais hâte, après l'absorption de cette littérature de bon goût, de me débarrasser d'un poids qui me pesait sur la conscience. Une occasion se présenta. La *Victoire* venait de publier un compte-rendu de mon livre. J'adressai la lettre suivante à son directeur :

« Bordeaux, 24 juillet 1878.

» Monsieur le Directeur,

» En publiant un compte-rendu de ma brochure *Nos Médecins bordelais en 1878*, votre journal a rompu un silence qui n'avait plus sa raison d'être. Merci au nom de la décentralisation littéraire, et surtout au nom des principes libéraux que nous devons tous défendre avec une énergie d'autant plus grande que le mal est encore à l'état latent. J'en ai malheureusement des preuves.

» Le bruit — je devrais dire le tapage — qui s'est fait autour de ma nouvelle publication m'a profondément affligé, parce qu'il jette dans mon esprit cette interrogation : « Sommes-nous en 1878 ou en 1778? Est-il encore des Bastilles et des lettres de cachet?... » Il est vrai que l'affaire Sandon n'est pas déjà si éloignée de nous!

» Je me propose de répondre ultérieurement, d'une façon catégorique et péremptoire, aux insinuations malveillantes dont j'ai été l'objet depuis l'apparition de ma brochure, insinuations qui me poursuivent sous le voile de l'anonyme.

» Je dois reconnaître que certains médecins et les journaux de médecine ont tellement crié au scandale, que je n'ai pas eu besoin de la réclame des feuilles sérieuses qui m'ont, jusqu'à ce jour, honoré de leur bienveillance et qui, je l'espère, m'en honoreront encore, parce qu'au-dessus des mesquineries issues des particularités il y a les grandes choses qui constituent les grands devoirs.

» On vient de me montrer un récent numéro de la *Gazette médicale*, où j'ai le regret de constater les traces d'une littérature venimeuse autant qu'*inconsciente*, et où je vois une appréciation de seconde main qui est l'antipode de la première.

» Il y a des écrivains médicaux qui ont besoin d'une leçon de logique. J'essaierai de la leur donner prochainement.

» On m'accuse d'avoir « atteint le corps médical tout entier dans son honneur et dans sa dignité », sans songer à la déduction qui peut être faite d'une phrase aussi imprudente. C'est vous, écrivain *inconscient*, meneur à l'humeur bilieuse et vagabonde, qui insultez des confrères qui figurent dans ma première série, parce qu'au fond ce sont leur honorabilité et leur dignité mêmes qui y avaient marqué leur place. Comment! j'aurais outrepassé mes droits de critique, — ce dont Dieu me préserve! — j'aurais touché à la dignité personnelle d'honorables citoyens de la cité, et une telle injure serait encore à laver?

» Vous voyez bien que c'est vous qui les injuriez! Vous les accusez de lâcheté, ni plus ni moins. Soyez sans crainte, la leçon de logique dont vous avez tant besoin vous sera donnée!

» Et que penser de cette phrase de la *Gazette médicale* :
» Nous croyons qu'il sera pris de telles mesures, que
» l'auteur, qui doit avoir agi *inconsciemment* en cette cir-
» constance, ne sera point tenté de recommencer cette
» belle équipée. »

» Cette phrase se passe de commentaires. C'est un chef-d'œuvre d'orgueilleuse insanité!

» Comme bouquet, on fait miroiter à l'horizon la menace de publier ma charge ou ma biographie, en disant que « le médecin français est né malin, surtout quand c'est sur les bords de la Garonne ! » Il y en a de malins, c'est vrai, mais il y en a d'autres qui sont loin de l'être.

» A quand ma biographie, docteur à l'humeur bilieuse et vagabonde ? Faites-la donc ; je l'attends avec impatience ; je vous appartiens comme publiciste ; vous pouvez aller de l'avant ; mais vous signerez, je l'espère — ce serait honnête, — et je vous promets que la vôtre — qui sera l'objet d'une attention spéciale — suivra de près...

» Mais vous ne ferez rien, parce que vous savez que vous trouveriez votre maître sur ce terrain. En effet, chez certains écrivassiers, le sel attique est tout bonnement de la vulgaire poudre de gingembre, et le fouet d'Archiloque qu'ils prétendent tenir en main est aussi inoffensif que la quenouille de la grand'mère à Turcaret !

» J'ai dit... et j'attends !

» Sur ce, Monsieur le Directeur, veuillez excuser la longueur de ma lettre et croire à ma considération distinguée. » Adh. LESFARGUES-LAGRANGE. »

Et voilà où nous en sommes ! J'attends toujours ma biographie. Je me demande comment des gens qui ne me connaissent pas — leurs agissements en sont la preuve — pourront mettre à exécution leur prétendue menace. Je ne compte en fait d'ennemis que de véritables imbéciles, des idiots les plus réussis. Est-ce auprès de ces mammifères qu'on ira butiner pour obtenir des renseignements détaillés ? Quant à mes amis, qui sont pleins d'esprit, ils sont tout disposés à jouer un tour au fureteur qui s'adresserait à eux. Ils diront, par exemple, que c'est le capitaine Lesfargues-Lagrange qui infligea jadis huit jours d'arrêts de rigueur au très-honorable Luzeux, en son temps général de division !

Dites-moi, futur biographe, ne serait-ce pas ce triste échantillon de l'espèce humaine, mi-hibou mi-lapin, qui serait la pierre de touche de votre prose-fulminate ? Gageons que c'est ça ! Quel service vous me rendriez en me donnant l'occasion de fournir des explications catégoriques — en attendant mieux — sur une affaire que je voudrais voir éclaircir de A à Z (1). Mais nos deux intérêts sont essentiellement opposés. Et qui sait si vous n'auriez pas à vous repentir un jour de la tournure des événements ?

Revenons au fouet d'Archiloque.

Ce n'est pas aussi facile que vous pourriez croire de photographier ses semblables à coups de plume. Ce serait même dangereux pour quiconque n'aurait pas la bosse de ce travail. Il faut bien connaître sa plume, en être le maître absolu, savoir prendre les renseignements piquants, et savoir surtout s'en servir.

Je sais bien ce qui intrigue le corps médical. Il voudrait savoir où je puise mes renseignements. C'est une curiosité toute naturelle. Mais on peut aller s'asseoir sous l'orme ! Chacun son métier en ce monde ! Voilà tout ce que je puis dire.

Ce que je puis affirmer, cependant, c'est qu'on a fait fausse route jusqu'à présent. Et comment a-t-on pu supposer qu'un, deux, trois ou quatre confrères auraient été capables de me fournir les notes que je possède sur les deux tiers au moins des médecins bordelais, notes que je n'ai qu'à contrôler, ce qui est parfois difficile. Est-ce que de simples citoyens n'ont pas qualité pour fournir des renseignements sur l'homme de l'art qui les visite et qu'ils paient de leurs deniers ? Est-ce que j'ai eu besoin d'un médecin pour connaître l'histoire qui a trait à la reine Pomaré et à un costume d'outre-Manche ?

Je veux en terminant cette longue préface, pleine de détails indispensables, remercier mes lecteurs dont le nombre s'accroît tous les jours. Ils auront contribué pour une large part, alors que d'autres agissaient en sens contraire, à m'encourager dans le parcours de cette voie bien

---

(1) Voir à la *Petite Correspondance*, page 92, la note concernant le capitaine Lesfargues-Lagrange.

épineuse, bien ingrate et parsemée d'écueils qui s'appelle la carrière littéraire.

Je les remercie sincèrement et je dois leur dire qu'il y a longtemps que j'ai marqué le but que ma plume doit atteindre : elle a fait aujourd'hui plus de moitié chemin, et elle se sent la force de parcourir l'autre moitié. Il faut qu'elle y arrive, quelles que puissent être les futures entraves qui ne peuvent manquer de se dresser devant elle dans un avenir qui n'est peut-être pas éloigné !

Force doit rester à la logique, comme force doit rester à la loi !

C'est donc appuyé sur la logique, mon compagnon de route, que j'attends l'ennemi, sûr de le battre s'il accepte le combat à ciel ouvert, en plein jour.

En attendant, lecteurs, cette bataille, faites connaissance avec la deuxième série des *Médecins bordelais*. J'ai fait là un petit choix :

Que c'est comme un bouquet de fleurs !

Bordeaux, le 1er septembre 1878.

Dans cette série comme dans l'autre, il y a un piége tendu : je donnerai à la prochaine le nom de ceux qui s'y laisseront prendre.

NOS

MÉDECINS BORDELAIS

EN 1878

M. AZAM

Quoi qu'il en soit de ses chapeaux, M. Azam est un des gros, gros bonnets du corps médical bordelais. La chaire de pathologie externe de la nouvelle Faculté ne pouvait espérer de titulaire plus apte à tenir l'emploi : il y a chez lui le savoir et la dignité professionnelle. On ne peut rien désirer de plus, sinon que les professeurs ses collègues aient à leur actif un tel bagage scientifique et moral.

M. Azam est un de ces hommes qui honorent la science : sa place est marquée dans ce domaine par un de ces jalons devant lesquels on s'incline respectueusement.

Notre professeur de pathologie externe a l'œil inquisitorial ; il est maigre, rigide, et, de même que ses connaissances, ses goûts sont très-étendus : il aime les bibelots, les faïences, les tableaux et autres objets qui sont un assouvissement à la manie du collectionneur. Il y a en outre, chez lui, l'étoffe d'un Delapalme. Combien il serait heureux si un journal voulait publier tous les articles qui pourraient surgir de son cerveau à l'intention de la jeunesse!

On sait que les deux plus solides piliers bordelais du Temple qui s'appelle le « Groupe girondin de l'Association française pour l'avancement des sciences » sont MM. Raveaud et Azam.

La science est une capricieuse qui ne marche pas toujours, quoiqu'on la pousse vigoureusement; parfois aussi elle marche comme d'elle-même; mais on doit savoir gré à tous ceux qui prennent en main cette vieille charrue qui doit fouiller le plus grandiose, le plus sublime des sillons.

Si M. le docteur Azam a été nommé chevalier de la Légion d'honneur, c'est surtout à cause de son amour pour la science pure.

J'ai donné à comprendre que ce professeur était un original. — Qui ne l'est pas un peu ?— Il s'est occupé jadis ardemment d'hypnotisme : que de petites historiettes il y aurait à raconter sur ce chapitre! C'était une toquade dont le savant doit rire aujourd'hui.

L'hypnotisme est un sommeil amené à l'aide de certains procédés. Pour le provoquer, il suffit de se mettre dans un fauteuil et de fixer une chose quelconque, un couteau à papier, un crayon ou tout autre objet placé à deux pouces du nez, c'est-à-dire en moyenne à deux pouces et demi des yeux; et, la bonne volonté ou quelque peu de liquide aidant, on finit par s'endormir plus ou moins profondément.

Au temps où M. Azam cultivait cette bizarrerie de genre, un chauvin de son école voulut essayer d'endormir un socialiste du crû en lui plaçant devant les yeux un objet qui n'était ni un couteau à papier ni un crayon. C'était tout bonnement une bouteille... pleine de vin.

Mais le sommeil n'arrivait pas.

Impatience de l'opérateur.

Une idée lumineuse traverse le cerveau du sujet:

« Laissez-moi boire le contenu de la bouteille! s'écria-t-il; peut-être pourrai-je m'endormir après?... »

Le désir du socialiste fut satisfait, et dix minutes ne s'étaient pas écoulées qu'il dormait de ce sommeil plein de quiétude paré de démocratiques ronflements.

Nous venons de parler de vin : ceci nous amène à ce maudit petit insecte appelé phylloxéra, dont M. Azam est l'ennemi juré, l'ennemi le plus terrible... avec M. Issartier, bien entendu.

On dit que lorsque M. le docteur Azam apparaît dans un vignoble conquis par les phylloxéras, leur terreur est si grande que ceux d'entre eux qui forment l'avant-garde s'écrient de toute la force de leurs poumons, comme autrefois les Romains après la bataille de Cannes : « *Azam ad portas!...* »

Tout ici-bas a son mortel ennemi.

Maintenant, si je voulais faire un peu de logique, je pourrais tirer des conclusions. Si le savant professeur de pathologie externe s'est mis en quelque sorte à la tête du Groupe girondin pour l'avancement des sciences, c'est évidemment parce que la science infuse en sa personne ne pouvait que faire surgir en lui un zélé propagateur ; et si le rigide docteur, dont le talent devait surtout servir au soulagement de malheureux mammifères, a porté ses vues, par extension, sur un autre champ de bataille, il est encore évident que l'on peut en déduire une conclusion foncière. En effet, si M. le docteur Azam s'est voué corps et âme à la destruction du phylloxéra, c'est parce qu'il est imbu de l'esprit gaulois et qu'il sait qu'aux environs de Langon et de Lesparre il existe un caillou — caillou chanté par Monselet — capable de faire surgir du sol des légions d'Athéniens.

Qui ne vénère pas le produit de la vigne n'est pas digne d'être Français ! La vigne est un végétal aussi ancien que le monde, et qui lui survivra. Si Dieu n'avait pas eu l'intention de créer la vigne, jamais il n'aurait songé à créer l'humanité !

Mais n'allez pas croire que M. Azam soit un dégustateur vulgaire. C'est, au contraire, un gourmet dans toute l'acception du mot, un dégustateur émérite. Il a soin de faire opérer au nectar que son palais vient de ravir à la coupe le demi-tour traditionnel avant que les amygdales aient la bonne fortune de le saisir au passage.

On est Bordelais ou on ne l'est pas !

La place dont je dispose ne me permet pas de donner tous les petits détails que comporte le caractère de M. Azam. Je crois en avoir cependant noté les principaux. Il me reste à dire que notre héros cultive les melons dans sa belle propriété de Pessac, et qu'il en offre un, chaque année, à son interne. (Ici je suis obligé de parodier la Scudéri pour compléter le portrait du docteur) :

> En voyant ce melon qu'un docte chevalier
> Arrosa d'une main antiphylloxérique,
> Souviens-toi que *Cyprien* chérit l'art poétique
> Et ne t'étonne pas si je suis jardinier !

M. Azam ne fait jamais de cadeau sans l'accompagner d'un sourire... Donc, ce brave professeur rit tous les ans une fois... à la saison des melons !

Si M. Azam ne rit que tous les ans une fois, il peut faire journellement de l'esprit ; et je le dis avec conviction, si tous les titulaires de chaire à la nouvelle Faculté de Bordeaux étaient aussi capables que lui, il s'établirait entre toutes les Facultés de France une noble et utile émulation.

M. BITOT

Ce professeur, qui est chargé, à la nouvelle Faculté, du cours de clinique chirurgicale des enfants et est en même temps conservateur de son musée, a occupé une chaire d'anatomie pendant vingt-cinq ans. Vous allez peut-être croire que c'est un vieux de la vieille, physiquement parlant? Mais quelle grande erreur!... La vérité, c'est qu'il est un vieux de la vieille au point de vue scientifique.

M. Bitot est un joli homme admirablement bien conservé, malgré ses cinquante-cinq printemps et demi. Sa chevelure est blanche et bouclée; ses dents sont également d'une blancheur éclatante, et pas une d'elles ne s'est encore avisée de prendre un congé définitif. On prétend toutefois que le docteur rit souvent, pour montrer son précieux râtelier.

Gageons que les auteurs de ces critiques n'ont pas plus de dents qu'un vieux piége. Toujours des grincheux en ce monde! Il me semble, au contraire, que le rire devrait être l'apanage de ceux qui ont une belle dentition.

Mais laissons cet accessoire des plus utiles et revenons à ce qui forme le sujet de cette étude.

On sait que les deux praticiens les plus considérables de Bordeaux sont MM. Denucé et Bitot. Ce dernier a su jeter sur les bases les plus solides les fondements de sa réputation. Travailleur infatigable, il a pu mener de front les questions les plus compliquées de l'art médical. C'est par le concours qu'il a été nommé chef des travaux anatomiques, professeur à l'École de médecine ; ce qui ne l'a pas empêché de produire une série de travaux scientifiques dont on peut voir la nomenclature sur sa récente production qui a pour titre : *Essai de topographie cérébrale par la cérébrotomie méthodique,* — *conservation des pièces normales et pathologiques par un procédé particulier* (7 figures dans le texte et 17 planches).

A partir de 1850, époque à laquelle il publia son travail intitulé : *De la greffe animale* (doigts), M. le docteur Bitot a traité une infinité de sujets avec ce tact particulier qui lui est propre, et il a vu s'élever autour de lui des envieux et des ennemis — ce qui arrive, du reste, à tous les hommes de valeur. — C'est justement quelques-uns de ces *ennemis* que j'ai eu la bonne idée de consulter pour compléter mes renseignements et pour contrôler ceux que j'avais déjà concernant le professeur d'anatomie. Eh bien ! je dois dire que des ennemis semblables valent mieux que certains amis. En effet, les ennemis du docteur Bitot reconnaissent eux-mêmes ses mérites et ses qualités ; c'est un témoignage qui les honore, parce qu'ils ont mis au-dessus des petites jalousies de métier et de l'esprit de parti la satisfaction de la conscience qui dicte un devoir à accomplir.

Entre autres anecdotes qui tiennent à l'existence de M. Bitot, je puis en citer une qui lui fait le plus grand honneur.

C'était sous l'empire. Un vicomte à poigne menait la barque à la préfecture de la Gironde. Un personnage un peu exalté gênait certaine notabilité sociale. Avec l'administrateur civil il fut convenu qu'on enfermerait d'office ce personnage dans un asile. Le docteur Bitot, préposé par ses fonctions aux mesures de cette nature, après avoir été sur les lieux se renseigner consciencieusement, en revint convaincu qu'il n'y avait pas opportunité d'appliquer la mesure extrême de la séquestration.

Sommé, après sa visite, de délivrer le certificat demandé par l'Administration préfectorale, M. Bitot le refusa.

Le préfet fit des menaces, parla de lui enlever des fonctions lucratives. Rien n'y fit. M. Bitot resta inébranlable dans sa conviction : il ne voulut pas charger sa conscience d'une mauvaise action.

De tels actes honorent l'homme et la science !

M. ORÉ

Le docteur Oré, professeur à l'École préparatoire de médecine et de pharmacie, a été nommé professeur à la nouvelle Faculté de Bordeaux : il est titulaire de la chaire de physiologie.

Il peut avoir une cinquantaine d'années, et il est quand même plus sémillant que certains de ses confrères bien moins âgés que lui.

M. Oré est intelligent et laborieux ; il a fait de bons élèves et produit des travaux qui lui forment un solide piédestal. Mais cet acharnement à travailler et à produire ne l'a-t-il pas entraîné dans ce domaine que les radicaux entrevoient comme une terre de Chanaan ?

Un nommé Bonaparte s'est écrié, dans le temps, que le mot *impossible* n'était pas français. Cette expression était pleine de *finesse*, de *modéstie* et surtout de *jugement* ; mais je soupçonne que ce premier étalon des Bonaparte d'abord, ses estimables rejetons ou prétendus tels ensuite, se sont aperçus depuis de la fausseté de cette énonciation ; ils ont dû voir qu'il y avait des obstacles capables de se jouer des prophéties des grands petits hommes et qu'il y a des limites que nul ne peut franchir impunément.

Impossible est plus que français : *impossible* est universel ; ce mot trouve partout une patrie, et il aura toujours partout droit de cité. Ce qui n'est pas français, ce sont les Bonaparte, race maudite et exécrée !

J'ai tenu à donner incidemment mon appréciation sur le mot « impossible », parce que, dans toutes les phases de la vie, on oublie parfois qu'il faut savoir compter avec cet hôte éminemment naturel assis à tous les foyers.

M. Oré, qui a eu la bonne fortune de réussir dans d'innombrables circonstances — je dois dire aussi que la réussite était méritée, — a cru devoir, à la fin, ne plus compter avec les obstacles. La route scientifique est parsemée d'écueils de toutes dimensions et de toutes catégories : il a voulu fouler tout cela aux pieds d'une façon radicale, en véritable conquérant.

De tous les travaux dus à l'imagination de cet honorable praticien, je suis persuadé que celui ayant trait à la transfusion du sang est un de ceux qui ont mis le plus son intellect à contribution. Dieu ! quelle immense montagne scientifique ! Accouchera-t-elle seulement d'une souris ? Et comme le mot *impossibilité* se dresse dans l'ensemble de ce plantureux travail, où une décentralisation échevelée et un radicalisme sans frein se donnent la main dans une course entre les nuages.

Hélas ! si le libéralisme à grandes guides n'est pas sans danger en politique, en médecine il doit prêter sérieusement à la réflexion. M. Oré veut-il me permettre une comparaison relative : croit-il qu'un mauvais sujet, dans les poches duquel un bon parent glisserait à mesure l'argent nécessaire, deviendrait bon sujet par le fait de cette générosité ? Non ! parce que l'on aurait à lutter contre un mauvais principe. Ainsi en est-il pour les créatures dont le principe vital est appauvri. Le sang dont on pourrait les gratifier au moyen de la transfusion n'agirait que sous le rapport de la quantité, qui ne signifie absolument rien en pareille matière ; quant à la qualité, point essentiel, rien ne serait changé, parce qu'un principe vicié resterait le maître de la situation.

Je l'ai dit et je le répète, la transfusion du sang a sa place marquée parmi les originalités, comme s'il s'agissait d'un roman excentrique : ce sera toujours une utopie, scientifiquement parlant. A l'impossible nul n'est tenu, et le mot *impossible* a été et sera toujours français.

Qu'en pensez-vous, docteur ? ne trouvez-vous pas qu'il y a une certaine hardiesse, de la part d'un profane, de pénétrer ainsi dans le saint des saints ?

Mais je pose la même question que vous.

Quelle hardiesse d'aborder des problèmes d'une solution aussi difficile !

M. Oré mène de front la physiologie, la chirurgie et la poésie. Il fait aussi du bric-à-brac, collectionne des bouquins de date douteuse, s'occupe de céramique, de peinture, de sculpture, d'architecture, de musique et de galvanoplastie.

En voilà de la besogne ! Mais il a à son service

une parole si dorée et une si remarquable facilité d'élocution !

> Cinquante hivers ont passé sur sa tête
> Sans entraver ni déranger ses pas,
> Et ces hivers ont eu leurs jours de fête :
> Tout ne fut point aquilons et frimas.
> Il cultiva peinture et céramique,
> Il butina dans le sacré vallon !
> La médecine est sœur de la musique,
> Notre héros est un fils d'Apollon.
> Chantez, docteur, que les divines flammes
> Soient, par vos soins, toujours en action,
> Et pour jeter le réveil dans les âmes,
> Laissez dormir votre *transfusion !*

On prétend que les vers de M. Oré ont le talent de toucher le cœur des dames. Est-ce bien vrai?... Vous ne voyez donc pas qu'il cherche à faire pièce au docteur Lamarque, pour le tracasser un peu.

En effet, il n'est qu'un docteur-poète qui traîne à sa remorque tous les cœurs des Bordelaises comme Gulliver traînait la flotte de Lilliput. Ce docteur-poète, c'est le docteur Lamarque !

M. Oré est chevalier de la Légion d'honneur et docteur ès sciences naturelles... sans être licencié. Ceci ne s'explique guère ! Peut-être que M. Bert pourrait donner des renseignements à ce sujet...

M. LANNELONGUE

La place de M. Lannelongue était prête à la nouvelle Faculté de médecine, où il est professeur de clinique externe.

Ce docteur, qui a du ventre, a aussi un cerveau merveilleusement organisé : il deviendra un de nos meilleurs chirurgiens.

Gros, ramassé, sans taille, commun dans tout son extérieur, ayant même quelque chose de rustique, le professeur de clinique externe est un de ces hommes chez lesquels le fond éclipse la forme, et où le solide jugement absorbe le superficiel.

M. Lannelongue père, qui était praticien de campagne, a voulu faire de son fils autre chose qu'un muscadin. Il a réussi, à la satisfaction de la science.

C'est en vain que j'ai cherché dans les journaux de médecine des tartines citant le docteur Lannelongue comme président de ceci ou de cela, comme secrétaire de telle Société ou de telle autre !

Rien, absolument rien !

« Anne, ma sœur, ne vois-tu rien à l'horizon ?

— Je vois des médecins qui chuchotent, font des signes et se désignent mutuellement avec des airs de satisfaction.

— Anne, ma sœur, ne vois-tu rien à l'horizon ?

— Je vois un gros docteur à la figure campagnarde, à la démarche rustique, avançant seul avec son bagage où on lit cette inscription : « Le savoir et le mérite n'ont pas besoin de *cousinage*. C'est un ensemble boiteux, comme la justice, mais qui arrive tôt ou tard à destination, sans redevances. »

—Bon ! bon ! c'est le docteur Lannelongue ; nous avons une ancre de salut !... »

Malgré sa condition physique, le savant professeur de clinique externe est doué d'une faculté remarquable pour ce qui est opérations et diagnostic.

J'assistais un jour à une consultation dans son cabinet. Il s'agissait d'un cas très-grave. Un de mes amis, dont le fils était atteint d'un cancer à la paroi interne de la joue, m'avait prié de l'accompagner chez les principaux médecins de notre ville. Rendus chez le docteur Lannelongue, s'il y avait eu pour nous une satisfaction, elle aurait été dans la façon délicate et savante avec laquelle le praticien procédait pour arriver à mettre toutes les ressources de la science au secours d'une des plus terribles maladies (1).

---

(1) J'ai parlé déjà, par allusion, dans mes *Études philosophiques* (Psychologie et Physiologie),— Bordeaux, imprimerie Crugy, 1876, Lacoste, éditeur, — de cette consultation dans le cabinet du docteur Lannelongue, et j'ai tiré des conclusions formelles sur la bizarrerie de la nature dans la transmission des maladies héréditaires.

Pas autre chose à dire de M. le docteur Lannelongue, sinon qu'il fera son chemin. Qui va doucement, va loin ! dit un vieil adage.

Docteur, ne vous pressez pas, on vous attendra !...

M. LABATUT

La nature a des goûts bizarres. Pourquoi ne serions-nous pas partisans de la bizarrerie et des transitions, puisque nous sommes ses enfants, tous autant que nous sommes?

> De Lannelongue à Labatut,
> Dieu! quelle distance physique :
> L'un est gros comme une barrique,
> Et l'autre est un tout petit fût!...

Mais on dit que dans les petites futailles sont les bons vins, et l'on ne connaît pas le bon vin au cercle. Nous verrons bien, par la suite, si ce proverbe est solidement appuyé.

M. Labatut est fils et petit-fils de médecin. Autant vaudrait dire que tous ses aïeux exerçaient la science d'Hippocrate. Il y a des races de médecins comme il y a des races d'épiciers. Inutile de faire observer que ce sont ces dernières qui tiennent la corde.

Modeste, peu ambitieux, allié à une de nos meilleures familles — les Ladevi-Roche, — faisant de la médecine consciencieusement, sans rechercher les réclames et les honneurs issus des moyens bruyants, M. le docteur Labatut a cependant rempli les fonctions de médecin-major dans l'artillerie... de la garde nationale. C'était un corps d'élite, si j'en juge par les personnages de ma connaissance qui en faisaient partie, et Dieu seul connaît et a pu inscrire sur son grand livre les services que ces braves ont rendus à la patrie... aux restaurants Lanta..., et à la Compagnie des coupés bordelais.

J'aurais voulu voir M. Labatut en simple artilleur, avec le sabre d'ordonnance au côté. Quel spectacle imposant ! Le bruit seul qu'aurait produit son arme traînant sur le pavé aurait suffi pour épouvanter les créatures peu viriles de notre fière et virile cité. Mais la science en a décidé autrement.

D'aucuns prétendent que le médecin-major d'artillerie Labatut aurait eu pas mal de besogne sur le déclin. Le militarisme s'inculquant sérieusement et méthodiquement dans l'esprit des artilleurs locaux, ces derniers avaient fini par croire qu'ils étaient réellement incorporés dans un corps *des litres*. Le chauvinisme aidant, et quelque diable aussi les poussant, nos canonniers en étaient venus à cette extrémité où l'on absorbe les *canons* par acquit de conscience et par amour du métier.

C'était grave. Un *canon* ou deux, ce n'est pas grand'chose... dans l'estomac d'un homme de guerre. Mais si l'on a dit :

Quand on prend du galon, on n'en saurait trop prendre !

il n'en est pas ainsi des canons... sur le comptoir.

On devine maintenant le genre de maladie contre lequel le médecin-major a eu le plus à lutter pendant sa campagne.

M. Labatut est un médecin accoucheur de mérite, un praticien avant tout. Dans les cas difficiles, les matrones de son quartier ont soin de l'envoyer chercher. Il est parfois de petits citoyens qui s'avisent de faire acte d'intransigeance avant même d'avoir mis le nez hors de l'échoppe abdominale dont ils sont les locataires depuis moins de dix mois. Ils ne veulent pas en sortir comme le commun des mortels, et ne se gênent pas pour montrer leur derrière comme un objet qui doit aller de l'avant.

Mais il n'est pas comme le docteur Labatut pour mettre à la raison ces intransigeants en herbe et les flanquer dehors, à la grande joie de la propriétaire de l'échoppe, qui porte toute sa reconnaissance vers l'huissier scientifique dont le savoir s'est employé à la débarrasser.

M. Labatut était conseiller d'arrondissement pour le 6e canton à une époque assez difficile, et je crois bien que M. Desgranges-Bonnet et lui étaient les seuls qui faisaient partie de l'opposition. Il me semble voir le docteur Desgranges à son banc. Comme il devait secouer la tête, quand les impérialistes le tracassaient!

Mais j'ai hâte de quitter le docteur qui règne dans la rue Villedieu et ses alentours. S'il allait se mettre en colère?... Tudieu! c'est un ancien de l'artillerie. Il a été en contact jadis avec des canonniers, des hommes qui n'avaient pas peur des *canons*, parce qu'ils savaient que ce n'était pas *la mer à boire!*

Quand on fait du contraste, on n'en saurait trop faire.
En quittant Labatut, pouvons-nous oublier
Son très-fidèle Achate, un sémillant confrère
Bâti comme Milon, droit comme un peuplier !...

M. LACLAVERIE

Comme son collègue et ami M. le docteur Labatut, M. Laclaverie a été médecin-major : c'est au 5ᵉ bataillon de la garde nationale qu'il exerçait ses fonctions.

Ce médecin a, du reste, des allures toutes militaires sous tous les rapports : démarche, maintien, physionomie. S'il portait le moindre petit ruban rouge à sa boutonnière, on serait tenté de dire en le voyant passer : « Voici un commandant en *pékin !* » Et que serait-ce, si on lui voyait porter la majestueuse plaque — qui fait penser à une casserole au point de vue du cubage — réservée aux plus hauts dignitaires dans l'ordre militaire ? On dirait sans doute... ou peut-être on ne dirait rien du tout ! Il y a des gens qui en imposent sans plaque et sans cordons.

M. Laclaverie est doué d'un caractère très-communicatif. Il est de ceux qui vont droit au but, sans jouer au serpent ; de ceux qui ne savent pas dissimuler en quoi que ce soit et avec n'importe qui.

Si l'espèce humaine ne possédait pas d'autres types, l'Hypocrisie, cette hideuse bâtarde vomie par l'Enfer, n'aurait jamais songé à venir s'implanter dans le monde, car elle n'aurait eu aucune chance de régner. Mais il en est autrement. Hélas! que d'individus, dans tous les rangs de la société, occupent des situations, grâce à l'Hypocrisie !

C'est connu, connu ; et ce serait faire acte d'hypocrisie que de ne pas l'affirmer tout haut.

J'ai dit que M. Laclaverie était très-communicatif; ses nombreux amis et ses collègues seront les premiers à reconnaître la justesse de cette donnée caractéristique. Mais que penser de ceux qui prétendent que c'est un grand défaut que d'avoir le cœur sur les lèvres ?

Ceux-là, leurs qualités se pressentent !

Ah ! oui ! c'est un défaut, car au milieu d'une société formée de moutons de Panurge, quiconque n'est pas un peu mouton de Panurge ne peut pas être considéré.

C'est encore connu... O dix-neuvième siècle !...

Il y a vingt ans que j'étudie sérieusement le caractère humain, et je trouve chez l'ex-médecin-major du 5e bataillon un de ces faits rares que je ne saurais passer sous silence. Habituellement, tout homme rusé est loin d'être communicatif. M. Laclaverie est l'un et l'autre... Il aurait fait un excellent avoué ; il a dû étudier le droit en même temps que la médecine, car il rédige aussi habilement une lettre d'affaires qu'il fabrique une cigarette entre ses doigts.

A ce propos, je dois citer une anecdote.

Un jour, M. Laclaverie est mandé en toute hâte près d'un malade dont la physionomie fatiguée présentait tous les symptômes qui sont les avant-coureurs des affections cérébrales. La situation devenait critique, des crises nerveuses qui se produisaient n'annonçaient rien de bon.

L'homme de l'art ordonne immédiatement des calmants tant internes qu'externes, et lorsqu'un mieux se fit sentir, il entama une conversation avec son client, de manière à lui relever le moral qui était on ne peut plus abattu.

Tout en causant, le malade donnait à comprendre qu'un point surtout l'inquiétait. Il menait depuis longtemps un procès d'où devait dépendre la plus grande partie de sa fortune, et il voyait ce procès presque perdu par la négligence d'un de ses conseillers.

M. Laclaverie se fit donner quelques petits détails. Après quoi il dit à son malade ce qu'il y avait à faire pour obtenir gain de cause, et il lui donna même la marche à suivre comme procédure.

Le lendemain, le malade était presque guéri ; huit jours après il gagnait son procès, et il jouit depuis d'une santé enviable.

Ceci prouve que le médecin doit avoir quelquefois deux cordes à son arc : une pour le moral, l'autre pour le physique, et ce n'est pas ce dernier qui crée le plus de soucis à la science.

M. Laclaverie est cité parmi les médecins bordelais qui possèdent du *biceps*. A ce compte, je regrette de ne pas avoir quelque chose de désagréable à lui dire. Étant donné son caractère assez libéral, je serais sûr que ma *deuxième série* me procurerait au moins une *affaire,* ce qui ne serait pas à dédaigner par ces temps de monotonie.

Mais il n'en sera rien, et les deux anciens médecins-majors d'artillerie et du 5ᵉ bataillon que je mets côte à côte, dans cette galerie, continueront longtemps encore à se promener également côte à côte sur Tourny ou ailleurs. Qui sait même s'ils ne sont pas destinés à relever un jour de leur besogne Castor et Pollux... si toutefois des médecins peuvent nourrir l'espérance de faire un voyage au ciel...

Si dans la céleste prairie
Labatut devenait grillon,
On y verrait Laclaverie
Sous la forme d'un papillon...
En guise de thérapeutique
Chacun viserait un objet :
Le premier, la plante aquatique ;
Le second, le modeste œillet...
Et si le bonhomme Esculape
Venait chiffonner leurs jardins,
Tous deux lui diraient : « Vieux satrape
» Tu peux retourner d'où tu viens! »

M. GUÉPIN

Arrivé de Nantes à Bordeaux, comme on vient de Singapour à Nantes, M. Guépin, sitôt venu, s'est trouvé mêlé à nos affaires municipales comme un enfant de la cité. Pour les Français, il n'est pas de frontières... et pour les chasseurs donc !...

>   Chassez, morbleu ! chassez encore,
>   Quittez Rosette et Jeanneton,
>   Tonton, tonton, tontaine, tonton ;
>   Ou, pour rabattre dès l'aurore,
>   Que les Amours soient de planton !
>   Tonton, tontaine, tonton.
>
>   Jadis nul n'osait en province
>   Porter aux champs son mousqueton,
>   Tonton, tonton, tontaine, tonton ;
>   On gardait la perdrix du prince,
>   Le loup dévorait le mouton.
>   Tonton, tontaine, tonton.
>
>   Vous qui soulagez la disgrâce
>   De plus d'un malheureux, dit-on,
>   Tonton, tonton, tontaine, tonton :
>   Sauvez au moins le droit de chasse
>   Pour l'honneur du pays breton.
>   Tonton, tontaine, tonton.

Puisque vous êtes chasseur, docteur, avez-vous

eu l'occasion de *faire* le *coup de roi* et de le réussir? Avez-vous fait coup double sur les bécassines et *tombé* la bécasse au *lever*? Avez-vous tué le perdreau rouge en pleine traverse et le lièvre au *déboulé*? Avez-vous fait la chasse au lapin à l'aide du furet sans tendre de *poches*, et tué ces petits gibiers dans leur course vertigineuse au sortir du clapier?... Tudieu! j'ai souvenance d'avoir accompli tous ces exploits cynégétiques!... Ceci dit en passant, et pour simplement indiquer que chacun ici-bas possède des aptitudes propres : s'il en est qui possèdent du *biceps* et qui connaissent le *chausson*, d'autres, sans avoir inventé la poudre, sauraient peut-être s'en servir!...

Mais ces réflexions ne vous visent pas, docteur; je les abandonne pour reprendre mon sujet.

M. Guépin a été plusieurs fois conseiller municipal. C'est sans doute grâce à la notoriété politique de son père, feu le docteur Guépin, de Nantes, très-connu et très-estimé dans le parti républicain, que M. le docteur Guépin fils a dû de s'asseoir d'emblée à une des meilleures places du foyer bordelais. Disons aussi qu'il s'est efforcé de mériter les honneurs qui ont plu sur sa tête, et que nul aujourd'hui n'a plus que lui droit de cité sur ce vieux sol aquitain. Il s'y est acclimaté de toutes façons, et il ne pense pas plus au cidre, à cette heure, que si cette boisson n'avait jamais existé!

Le cidre est pourtant bon... quand on n'a pas autre chose. Je m'en suis régalé jadis, faute de mieux, mais j'avoue que je le quittais bien vite quand le propriétaire du toit qui m'abritait offrait de me mettre en accointance avec du liquide qui pouvait me parler du sol girondin.

Mais ceci est un détail. Chacun boit comme il l'entend, et surtout comme il peut; et, pourvu que le chapeau suive, personne n'a rien à dire.

A propos de chapeaux, il en est deux qui sont légendaires dans la docte Compagnie bordelaise : celui de M. Azam et celui de M. Guépin, chapeaux qui représentent les deux extrêmes.

A l'opposé de son congénère azamonien, le couvre-chef du docteur breton est sali et tout déformé par les attouchements les plus démocratiques : les saluts multipliés du maître ne sont pas faits à demi; quand il quitte son chapeau ou quand il le remet sur sa tête, il n'y va pas tout à la douce, et l'on s'aperçoit vite qu'il sait par expérience que les chapeliers ne manquent pas à Bordeaux.

Le gouvernement de la Défense nationale donna à M. le docteur Guépin une place importante : celle de médecin des camps. Il s'est acquitté de sa tâche avec cette franchise qui se lisait sur le visage de son honorable père, et qui est, en général, le propre du caractère breton.

M. Guépin est actuellement conseiller d'arrondissement pour le 2e canton. Dans les réunions politiques, il est généralement acclamé pour occuper le fauteuil de la présidence, quand sa présence est constatée. Alors il va prendre place sur le siége avec cette bonhomie qui le caractérise, et il prononce son petit discours : « Citoyens, je vous remercie de l'honneur que vous me faites, et... nous allons commencer. »

Et l'on commence effectivement.

Comme médecin oculiste, M. Guépin est très-connu. Il a même à son actif des cures très-importantes. On vient souvent le consulter en dernier ressort. Son opinion fait loi en la matière, et il est surtout très-sympathique vis-à-vis de ceux qui ont besoin de l'approcher.

M. OBISSIER.

Si ce docteur faisait tomber sa barbe, quittait ses lunettes, se coiffait d'un bonnet de coton en *laine*, et allait se promener sur l'Intendance ou sur Tourny, en donnant le bras au docteur Guépin,— ceux qui prendraient ce couple pour une paire d'Adonis pourraient se flatter d'être propriétaires d'une de ces *barbes* qui font époque dans la vie d'un citoyen, fût-il même radical.

Mais ne cherchons pas à faire de la littérature figurative, et prenons le docteur Obissier tel qu'il est actuellement en chair et en os.

Il est de taille assez moyenne, porte toute la barbe — une barbe furieusement blonde — et marche comme quelqu'un qui, ayant déjà reçu un pot de fleur sur la tête, craint une deuxième édition. L'ensemble de sa physionomie est assez vulgaire; mais il a la lèvre rabelaisienne et le coup d'œil scrutateur.

M. Obissier s'occupe de littérature scientifique. Il était de concert avec M. Mandillon, secrétaire de rédaction au journal *le Bordeaux médical*. Je puis donc le juger comme écrivain, puisque j'ai sous les yeux des numéros de cette feuille dont un contient quelques gracieusetés à mon adresse et les autres une suite de ses articles ayant pour sujet « *le Traitement des Adénites suppurées du cou.* »

C'est toujours le même genre qu'emploie la majorité des médecins, c'est-à-dire un style où le fond n'est pas négligé pour le bénéfice de la forme. Mais c'est un détail. Cependant il est quelques absences à signaler, qui sont l'indice d'un manque de soin dans la confection des phrases. Je lis, par exemple, celle-ci dans l'article de M. Obissier :

« Cet instrument (le petit trocart explorateur)
» offre ici plusieurs avantages : d'abord, la petite
» plaie qu'il produit est toujours moins étendue que
» celle du bistouri... »

En analysant cette phrase, on trouve quoi? Un bistouri qui possède une plaie. Il aurait été si facile d'écrire « moins étendue (la plaie) que celle *occasionnée* par le bistouri. » Mais, encore une fois, ceci n'est qu'une question secondaire : ce n'est rien. Et si je signale cette absence dans le style du jeune écrivain médical, c'est pour lui donner l'éveil de façon à ce qu'il devienne — ce qui est très-rare — un homme de plume parfait sous tous les rapports.

Aussi n'insisterai-je pas davantage sur ce chapitre. Il en serait autrement si M. le docteur Obissier voulait s'aviser de donner des leçons de français à ceux qui sont plus endurcis que lui dans le métier. Mais il est trop intelligent pour agir ainsi, et il sait se maintenir dans sa sphère, déjà passablement étendue et suffisamment compliquée.

Puisque le numéro du *Bordeaux médical* cité contient des *Instructions sur la rage*, j'engage M. le Secrétaire de la rédaction à feuilleter la collection de ce journal. Il verra la façon libérale avec laquelle on a fait le compte-rendu d'un Mémoire écrit par un de nos vétérinaires les plus connus — M. D..., — Mémoire qui tendait à prouver que la rage « n'est qu'une maladie imaginaire. » Il n'y avait pas deux manières d'apprécier une œuvre semblable, quel qu'en fût l'auteur. Et ce Mémoire et l'appréciation qui en fut faite sont de ces choses qui se gravent dans ma mémoire d'une façon indélébile.

Mais revenons au praticien. M. Obissier est travailleur, il aime à s'instruire, sait choisir les auteurs et sait surtout les lire. Il sait ce qu'il faut prendre et ce qu'il faut laisser, à l'encontre de certains qui se bourrent la tête, comme d'autres se bourrent le ventre, sans en tirer d'autre profit qu'un trop plein embarrassant.

Notre jeune docteur est donc sûrement destiné à acquérir une bonne place au soleil médical bordelais. Il a tout ce qu'il faut pour cela, sans compter une position sociale qui permet de faire face d'une façon grandiose à toutes les exigences du métier.

Mais qu'entends-je murmurer ? M. Obissier songerait à quitter Bordeaux pour aller habiter Paris. Serait-ce parce qu'il se trouve évincé de la rédaction de la nouvelle feuille née de la fusion de M. Bordeaux-Médical et de Mme Gazette-Médicale ?

Allons! allons! pas de ça, docteur; restez parmi nous, dans cette vieille Aquitaine, où votre caractère et votre indépendance ont déjà marqué la position scientifique autant qu'honorifique que vous devez occuper!...

M. SEGAY

Ce docteur marche avec lenteur, la tête haute et le chapeau en arrière, comme feu M. Élie Gintrac. L'esprit et le cœur se reposent avec satisfaction sur cet homme plein de franchise, qui ne fait de mal à personne, quoiqu'on lui en ait fait, et quoiqu'on veuille lui en faire sournoisement :

> Il voit la Paix descendre sur la terre,
> Semant de l'or, des fleurs et des épis.
> L'air est si calme, et du dieu de la guerre
> Elle maintient les foudres assoupis.
> « Ah ! dit la Paix, égaux par la vaillance,
> » Français, Anglais, Belge, Russe ou Germain,
> » Docteurs, formez une sainte alliance,
> » Et donnez-vous la main !

> » Pauvres mortels, tant de haine vous lasse;
> » Vous ne goûtez qu'un pénible sommeil,
> » D'un globe étroit, divisez mieux l'espace;
> » Chacun de vous aura place au soleil.
> » Tous attelés au char de la puissance,
> » Du vrai bonheur vous quittez le chemin.
> » Docteurs, formez une sainte alliance,
> » Et donnez-vous la main ! »

La main du docteur Segay est toujours tendue loyalement, même à ses ennemis, et ce n'est pas lui qui doit être blâmé s'il y a des divisions dans le corps médical bordelais.

Il sait quand même se rendre indépendant, et il lutte quelquefois pour soutenir les bons principes, les bonnes doctrines, quoiqu'il ait peu d'espoir d'être suivi dans sa campagne. On peut citer un fait entre autres :

Pour favoriser un esprit mesquin d'économie, l'administration hospitalière avait permis aux médecins chefs de service de prolonger la durée de leurs fonctions ; mais elle leur enlevait leurs honoraires. Seul, le docteur Segay résista, et les membres du corps médical qui pouvaient avoir une influence sur les administrateurs se tinrent obstinément à l'écart. Ils voulaient sans doute se ménager pour plus tard les faveurs de l'administration, en prévision de certaines éventualités ; mais tout cela se faisait aux dépens des intérêts généraux de la corporation.

Le docteur Segay a contribué puissamment à établir la Société protectrice de l'enfance, d'où certains froissements personnels l'ont forcé de se retirer avec quelques membres fondateurs.

Partout où il y a un confrère à défendre, partout où il y a de l'indulgence à exiger, on trouve le docteur Segay.

Je dois cependant noter, pour être dans l'exactitude, que ce praticien honnête et juste est parfois distrait. Souvent, auprès de ses clients, il ne se rappelle plus certains détails dont le souvenir, sans être indispensable, pourrait sembler l'être aux yeux de ses malades.

M. Segay est l'auteur de travaux estimés sur la question, si agitée de nos jours, qui a trait aux femmes nourrices et aux enfants en bas âge. On lui reproche d'être trop mystique. Ce reproche est-il fondé? Il y en a tant qui se disent positivistes et qui ne savent seulement pas sur quoi repose le positivisme!

M. MARMISSE

Si j'en crois les biographies déjà publiées sur M. Marmisse, ce docteur est né à Argentat (Corrèze) en 1825, et il habite Bordeaux depuis 1834.

On voit qu'il était bien jeune lorsqu'il a débarqué dans notre cité ; mais l'histoire ne dit pas s'il a accompli la traversée à pied ou en voiture.

M. Marmisse a fait ses études primaires chez les Frères de la Doctrine chrétienne et ses études secondaires au Petit Séminaire de Bordeaux, dont il quitta les bancs muni de bonnes connaissances littéraires. C'est, du reste, un vrai Limousin qui, à l'instar de ses compatriotes, se repose en travaillant.

Le docteur Marmisse, absorbé par ses travaux de cabinet — qui sentent le Bénédictin, d'après des opinions qui font loi — et par les besoins de sa clientèle, très-populaire, ne se mêle pas assez aux groupes professionnels ; c'est un type : une minute pour lui a l'importance d'une heure ; il lit en marchant, soit ses journaux de médecine, soit son *Courrier de la Gironde* ou quelque autre feuille politique, soit sa correspondance scientifique ou confraternelle.

C'est en 1854 que commença à s'établir la réputation de M. Marmisse. Une épidémie cholérique sévissait sur quarante-quatre de nos départements. Le gouvernement faisait appel aux hommes de l'art pour combattre le terrible fléau. Une mission médicale fut confiée au jeune docteur, qui se rendit dans l'arrondissement de Neufchâteau (Vosges), où sa conduite lui valut une médaille d'argent décernée par M. le Ministre de l'agriculture.

Le gouvernement eut recours encore au dévouement de M. Marmisse pour le service médical de l'armée d'Orient, en 1856, et il était à la veille de s'embarquer pour Constantinople, lorsque les préliminaires de la paix modifièrent la situation. (On sait que l'administration de la guerre avait perdu à cette époque plus de quatre-vingts médecins militaires de l'armée de Crimée, décimés par le typhus et le choléra.)

Le docteur limousin est d'autant plus facile à juger qu'il a à son actif de nombreuses publications. La plus considérable est celle qui a pour titre : *Mouvement de la Population de Bordeaux depuis 1640, décennal jusqu'en 1780, et annuel depuis cette époque.* C'est une statistique de grande valeur à laquelle on aura recours dans bien des circonstances ; c'est un travail qui dénote chez son auteur une bien grande persévérance et une égale énergie.

Il a collaboré également à presque tous les journaux médicaux de notre ville, et le *Bordeaux médical* surtout a publié dans le courant de l'année une série de ses articles sur la mortalité des médecins et sur les diverses épidémies de variole.

M. Marmisse possède un cerveau bien organisé pour y loger gros et petits détails. Il me rappelle un maire de village, que j'ai connu, qui ne pouvait rencontrer ses jeunes administrés, au retour du collége, sans leur adresser des discours de ce genre :

« Toi, tu as bien grandi, je me rappelle quand tu es né : c'était à la saison des petits pois ; il avait fait orage la veille. »

Il rappelait à un autre qu'il était venu au monde à la saison des haricots, et que cette année-là le foin avait manqué, etc., etc.

Il y avait toujours quelque événement qui corroborait ses enregistrements, et sa mémoire le servait dans les moindres détails avec une fidélité remarquable.

Le docteur Marmisse serait de cette force : il pourrait non-seulement donner le nombre des enfants qui naissent à Bordeaux par année, mais énumérer dans quelles conditions et à quelle température ils naissent, tant il est observateur et statisticien.

Chacun naît avec ses aptitudes.

Ce qui manque, par exemple, au docteur statisticien par excellence, c'est du goût pour son extérieur. Il s'habille comme un vrai Limousin. On m'a rapporté qu'on l'avait aperçu un jour sortir de chez lui sans cravate et le gilet à l'envers, absolument comme la culotte du bon roi

Dagobert ; il est inutile d'ajouter que le gilet n'était pas boutonné...

> Tudieu! docteur, les boutonnières
> Sont bien faites pour les boutons,
> Comme les fleurs pour les parterres
> Et les neveux pour les *toutons;*
> Pour le Limousin, la châtaigne ;
> Pour les Bretons, le beurre frais ;
> Pour vous, docteur, ce coup de peigne
> Que vous ne vous donnez jamais !...

On dit également que M. Marmisse aime les châtaignes presque autant que les médailles d'argent et d'or qu'il a reçues; qu'il aime à parler le langage de son enfance, qu'il le parle même avec aisance ; dans tous les cas, ce n'est pas ce patois limousin qui lui a facilité l'accès de la langue latine, sur laquelle on le dit de première force.

Allons, docteur surnommé *Bourreau du travail, excellent cœur et mauvaise tête* — parce que cette tête ne se courbait pas facilement en toute circonstance, — reposez-vous un peu de ces travaux de Bénédictin. Nous savons ce qu'il en coûte d'énergie et d'opiniâtreté pour se faire soi-même sa place au soleil ; mais qu'est-ce qu'une médaille de plus ou de moins ?... Hélas! elles ont toutes un revers !

Avant de quitter le docteur Marmisse, je dois dire qu'il est le seul, à ma connaissance; des docteurs bordelais qui ait fait des communications au récent Congrès international d'hygiène qui s'est tenu au Trocadéro... et toujours sur les *bébés*, espoir de la patrie et la joie du foyer domestique !...

M. TESTUT

Si l'*Officiel* est lu en Araucanie, — ce pays où le peu farouche M. de Tounens a conquis des lauriers qui rappellent l'existence de la fille de l'infortuné Du Périer, — M. Testut est connu en Araucanie ; si l'*Officiel* est lu à Brives-la-Gaillarde, M. Testut est connu à Brives-la-Gaillarde ; et ainsi de suite, en faisant le tour du monde. L'explication, la voici :

Étudiant en médecine en 1870, M. Testut partit pour la guerre, où il se distingua de façon à être porté à l'ordre du jour de l'armée ; il fut inscrit ensuite sur la liste de ceux qui devaient être présentés à la Chancellerie de la Légion d'honneur. Mais la guerre continuait son œuvre, le canon faisait toujours entendre ses lugubres retentissements : survint une autre action d'éclat qui fit donner sur le champ de bataille la médaille militaire au jeune héros...

La première mention ne figurait pas moins sur les registres : la croix de chevalier fut accordée à M. Testut, et l'*Officiel* l'annonça... Mais — ô fatalité ! — on s'aperçoit qu'il y a déjà une médaille accordée ; alors la Chancellerie — qui doit être avare de faveurs, tant est nombreuse la foule des demandeurs et tant est puissante la main des protecteurs, — la Chancellerie, dis-je, retira sans autre forme de procès la croix échue à l'étudiant bordelais pour la placer sur quelque autre poitrine médicale : il n'en manquait pas pour la recevoir !

M. Testut protesta, fit même appel au Conseil d'État. Mais il devait succomber... Et voilà comment son nom a passé partout où l'*Officiel* a fait son apparition.

A propos des croix distribuées pour services militaires, puis-je demander s'il n'y a pas eu comme une espèce de tirage au sort, absolument comme dans l'opérette de *Barbe-Bleue* (ceci me rappelle les beaux jours passés au château de L..., où le propriétaire, mon excellent ami M. Pasquy-Ducluzeau, me jouait sur son piano des morceaux de cette opérette)... et, on sait le reste... Boulotte, qui certes n'avait aucune raison pour être rosière, eut la chance de tirer un bon numéro :

Puisque ça se tire au sort...

pourquoi ne l'aurait-elle pas comme les autres?...

Cette allusion fantaisiste expliquerait très-bien certaines décorations données, après la guerre, plutôt à celui-ci qu'à celui-là. Pourtant, si une explication meilleure m'était donnée, je serais disposé à faire une rectification dans la prochaine série.

Revenons au docteur Testut pour lui dire que sa médaille vaut bien une croix, laquelle, d'ailleurs, ne peut manquer de venir. C'est un travailleur qui s'attache avec fanatisme à la doctrine nouvelle des injections intra-veineuses, doctrine préconisée par son maître, le docteur Oré, mais peu goûtée par l'Académie de médecine, qui est effrayée de l'audace des médecins gascons.

Dans un Mémoire présenté récemment à la Société savante, M. Testut a eu le malheur de parler d'injections intra-veineuses. Il n'en fallait pas davantage : on l'a abaissé d'un cran en faveur d'un autre concurrent.

Ce jeune docteur, qui se distingue surtout par ses recherches de laboratoire, est plein d'avenir, si du moins le travail et la science peuvent compter pour quelque chose dans la carrière qu'il parcourt. Il a la parole saccadée comme sa marche, le caractère rond et franc ; il est déjà rompu dans la carrière professionnelle et il aime les travailleurs. Il est, avec M. Poinsot, un des plus brillants élèves de M. Oré.

On sait que M. Testut est agrégé (*section d'anatomie et de physiologie*) à la nouvelle Faculté. Le lauréat de la Faculté de médecine de Paris et des hôpitaux de Bordeaux sera à la hauteur de sa tâche, j'en suis convaincu.

M. LEFOUR

Ce jeune docteur a de droit sa place dans cette deuxième série, grâce au tapage qui s'est fait autour de son nom à l'apparition de la première brochure, *Nos Médecins bordelais*. On l'accusait d'en être l'auteur.

Il y a des gens qui n'ont pas de chance. Ainsi, M. le docteur Lefour aurait commis la faute insigne de révéler *aux profanes* les travers et les vétilles de ses chers confrères...

Quel crime abominable!...

Mais, enfin, pourquoi la *main dissimulée,* dont parle la *Gazette médicale,* pouvait-elle être la sienne plutôt que celle d'un autre? Cette question « vaut bien une réponse, sans doute! »

Hélas! on a remarqué que les personnages si prompts à porter une accusation quelconque s'arrêtent toujours à mi-chemin, parce qu'ils s'aperçoivent qu'ils ne possèdent pas assez de munitions pour « aller jusqu'au bout. »

Quoi qu'il en soit, M. Lefour a été mis dans l'obligation d'écrire une lettre aux journaux de médecine, lettre par laquelle « il proteste de la façon la plus énergique contre une accusation aussi fausse qu'odieuse. »

Et la *Gazette médicale* fait suivre cette lettre d'une tartine littéraire (où l'on sent l'humeur *bilieuse* et *vagabonde* de l'AUTEUR) de laquelle je vais simplement détacher les premières lignes :

« Nous donnons acte à M. Lefour de sa protes-
» tation et nous le félicitons hautement de l'énergie
» avec laquelle il se défend. Un galant homme ne
» pouvait rester sous le coup d'une pareille accu-
» sation !!! »

C'est le moment d'avoir la chair de poule !

Voici M. Lefour, de noir qu'il était, devenu blanc comme neige ; mais il reste toujours un grand coupable que l'on se garde de nommer. Pourquoi ? Il a cependant l'habitude de signer ce qu'il écrit !...

Et notez que ces *gentillesses* à mon adresse ne portent aucune signature — ce qui n'est pas trèsgalant. — En réalité, je ne sais trop à qui j'ai affaire. Ces « premières lignes » et celles qui suivent sont injurieuses pour moi : elles renferment de malveillantes insinuations. Je demande à celui qui les a écrites si j'ai agi vis-à-vis de lui en quelque circonstance d'une façon semblable ! J'en appelle à sa conscience. Et je suis vengé.

Après cette diversion indispensable, nous allons reprendre M. le docteur Lefour, non par le nez — quoiqu'il le mette assez en évidence — mais dans tout son individu.

Ce jeune chirurgien présente un ensemble particulier qui indique l'intelligence et qui inspire de prime abord cette confiance native, à laquelle on est tenté de se livrer sans hésitation.

En effet, M. Lefour, qui est un travailleur et surtout un grand observateur, — qualité essentielle chez le médecin, — possède une de ces physionomies qui pénètrent le moral du malade en lui donnant du courage et de l'espérance, ce qui compte pour une bonne part dans la guérison. Il possède de plus, — heureux mortel! — pour le diriger dans les sentiers difficiles de l'art hippocratique, un homme dévoué, très-capable et surtout très-connu dans Bordeaux, où il tient une des premières places dans la tribune scientifique, quoiqu'il n'ait pas trop à se louer de la manière avec laquelle ses frères d'armes ont agi à son égard. Mais on ne jette les pierres, a dit le grand poète, qu'aux arbres qui produisent des fruits d'or. Cette vérité est universelle.

Avec un guide semblable, M. Lefour peut s'aventurer hardiment sur cette mer grandiose où naissent des écueils aussi terribles que ceux de Charybde et Scylla, où des complications sans nombre tiennent l'intelligence toujours en éveil et mettent l'esprit du travailleur à même de se fortifier tout en glanant au sein des événements; — M. le docteur Lefour, dis-je, qui a la volonté et possède un Mentor d'élite, ne peut manquer de tenir un jour une des premières places dans le groupe des bons médecins bordelais.

M. MONTALIER

On prétend que lorsque le Diable semait les châteaux en Périgord, il détourna le sac sur les bords de la Lisonne ; on peut dire aussi que messire Satanas détourna le sac aux alentours de la place Dauphine, lorsqu'il semait les docteurs dans sa bonne ville de Bordeaux.

Il paraît qu'il y a de la besogne dans ce quartier ! Docteur Léonidas Dubreuilh par-ci, docteur Pujos par-là, docteur Gervais Koisiéwicz, docteur Méran, docteur Dutkowsky, docteur Obissier, docteur Mandillon, docteur Crézonnet, docteur Mauriac, docteur Venot, docteur... Mais, doucement ; il est temps que je m'arrête... pour dire que le docteur Montalier est venu justement faire élection de domicile dans ces parages, où l'on vit d'affaires et où l'on ne meurt pas de politique.

M. Montalier porte des favoris blancs comme neige. Il est constamment habillé de noir, — absolument comme s'il voulait faire croire qu'il appartient à l'administration des pompes funèbres, ce qui n'est pas, — et il ne cède jamais à la mode ou à la fantaisie ; il n'est pas pour la forme : donc il doit être intelligent.

Docteur de la République de 1848, M. Montalier

n'a pas l'air de trop aimer celle de 1870. Le vicomte de Pelleport-Burète, qui boucle en ce moment ses malles au Sénat, jeta les yeux sur lui jadis, lorsqu'il régnait à l'Hôtel-de-Ville, pour confectionner sa Commission municipale qui devait faire merveille.

L'ex-vicomte maire, bientôt ex-sénateur, doit être initié sur les opinions intimes de l'honorable praticien.

M. Montalier a débuté en donnant son concours médical à la fameuse Caisse Girard, au temps où son habile fondateur la dirigeait en se faisant six à sept mille livres de rentes. La spécialité de ce créateur de Caisse en apparence mutuelle consistait à obtenir un service médical à prix réduit pour ses deux mille souscripteurs. Grâce à l'omnipotence assez mystérieuse du docte chevalier de la Légion d'honneur, les médecins qu'il honorait de sa confiance étaient sûrs, non pas de gagner de l'argent avec lui, mais de se caser dans bien des endroits. Les docteurs M..., S... en savent quelque chose.

Les docteurs S..., V..., M... essayèrent de provoquer une grève à l'endroit de cette Caisse : grève qui consistait à la priver de médecins; mais le docteur Montalier et un autre de ses confrères, mus par un louable sentiment de reconnaissance, restèrent fidèlement à leur poste... Et ce ne fut qu'un vrai feu de paille!...

M. le docteur Montalier aime les chemins de fer. Est-ce que l'Orléans et le Midi n'ont pas recours à ses services? Malgré son penchant pour les voies ferrées, on le voit assez souvent installé dans une petite voiture découverte, en compagnie d'un petit groom.

A propos de voiture et de cheval, je ne dois pas oublier de dire que, sous M. le maire de Bethmann, M. Montalier fut chargé, avec MM. Le Barillier et Péry, de vacciner Bordeaux avec du vaccin tiré d'une génisse officiellement désignée pour prêter son concours.

J'ai déjà parlé de cette brave bête à cornes à l'article destiné à M. Le Barillier, et l'on sait ce qu'il advint.

M. Montalier n'a jamais trempé dans les intrigues grosses et petites, petites et grosses, qu'a fait surgir autour d'elle la création de la nouvelle Faculté de médecine, grâce aux chaires qui devaient en dépendre. Mais il est vrai qu'il a fait dans le temps, comme membre de la Commission Pelleport-Burète, un rapport sur l'ancien domicile de l'École de la rue Lalande. Et l'on se demande si le rapporteur était réellement convaincu quand il débitait ses doléances devant ces édiles que l'on avait procurés à la ville à coups de Fourtou (lisez *fourre tout*)!

Il est bien entendu que le docteur Montalier fait toujours bonne figure sur la liste permanente des candidats à la croix... Les illusions servent de nourriture à tant de monde !... Une bonne épidémie de variole dans l'hôpital ne lui fait pas peur, car la vue de la *Timbale* l'excite.

Hélas! est-ce qu'il n'y a pas en ce monde une multitude d'excitants?

> On disait aux fils d'Épicure :
> « Réveillez par vos joyeux chants
> » Montalier, qui de la nature
> » Paraît connaître les penchants. »
> Et les chants que la joie inspire
> Étaient mêlés aux *oremus!*...
> Mais quelle est donc la Déjanire
> Qui dit que Montalier n'est plus?
>
> On disait aux Grâces émues :
> « Gardiennes de la volupté,
> » Montrez-vous à lui demi-nues;
> » Il aime encor la liberté! »
> Et chacune d'elles soupire
> En marmotant des *oremus!*...
> Mais quelle est donc la Déjanire
> Qui dit que Montalier n'est plus?

Il n'y a qu'une chose au monde qui ne vieillit pas : le cœur d'un médecin.

M. Montalier est toujours sympathique, communicatif, comme il y a vingt ans, auprès de ses clients... et auprès de ses clientes, ces jeunes Bordelaises qu'il a vues naître, croître et embellir. Pour lui c'est autant de familles, et on s'embrasse comme tout.

Parmi les confrères de M. Montalier qui jasent sur son faible — sa manie si l'on veut, — il en est qui ne se font pas scrupule d'en embrasser d'autres que celles qu'ils ont vues croître : et ceux qui transposent à première vue? et celui qui les magnétisait d'une fenêtre à l'autre?

Allez! docteur, ne tenez aucun compte des babillages. Avec ça qu'ils se gênent, eux, et que nous nous gênons, nous autres, quand l'occasion se présente!...

En quittant M. Montalier, je dois dire qu'il n'est pas sans mérite. Il a obtenu, au dire des intéressés, des cures de premier ordre; il est observateur, et sa clientèle a pour lui une grande sympathie.

M. PUJOS

Lorsque parut la première série de *Nos Médecins bordelais*, M. le docteur Pujos était à Paris, et la commotion qui se produisit sur les bords de la Gironde fut si violente que les bords de la Seine s'en ressentirent quelque peu.

M. Pujos, qui n'a pas l'habitude cependant de s'émotionner outre mesure, ne sachant trop quel était le genre de danger qui menaçait la corporation à laquelle il se fait une gloire d'appartenir, ne fait ni une ni deux : il prend le premier rapide à destination de Bordeaux.

A mi-chemin, profitant d'un arrêt de dix minutes pour avaler un bouillon au buffet, il se croise avec un monsieur qu'il n'eut pas le temps de reconnaître et qui lui jeta en passant ces mots d'un ton lugubre :

« Ah ! on les arrange bien, les médecins, dans votre pays ! Vous arriverez peut-être trop tard ! »

Et l'interlocuteur disparut.

M. le docteur Pujos but son bouillon d'un trait, donna une pièce de cinq francs au garçon, et, sans attendre la monnaie, de crainte de perdre du temps, gagna vite sa place dans le wagon, qui partit aussitôt comme si le diable l'emportait.

Les idées les plus diverses se brassaient dans le cerveau du docteur comme on brasse les châtaignes pour les blanchir à la saison. Enfin, il arrive à La Bastide, où il opère sa descente en gare, trop heureux de ne pas entendre des coups de fusil. Il lui semblait cependant que les physionomies étaient toutes bouleversées.

Au moment d'entrer dans la voiture qui devait le transporter en ville, M. le docteur Pujos entendit une voix qui lui criait sur un ton de pintade enrhumée :

« N'achetez pas le livre ! N'achetez pas le livre ! »
Et l'avertisseur se sauva à toutes jambes.

« Ah çà ! murmura notre praticien, sont-ils devenus fous depuis mon départ? Qu'est-ce que cela signifie? »

Et comme il avait entendu parler d'un livre, il se fit conduire en toute hâte sur l'Intendance, chez son libraire.

« Tirez-moi d'embarras ! Que se passe-t-il d'étrange? » demanda-t-il en entrant chez l'industriel.

Ce dernier, après lui avoir donné la main et l'avoir gratifié d'un sourire plein d'une causticité toute philosophique, lui présenta le volume *Nos Médecins bordelais en 1878.*

M. Pujos respira comme quelqu'un qui commence à tenir la clef d'une énigme et s'assit, le dos tourné à la nouvelle Faculté, c'est-à-dire à l'emplacement où elle doit être construite. Quand il eut pris connaissance, en le feuilletant, du livre qu'il avait entre les mains, il dit en souriant :

« Je croyais que c'était une œuvre toute de scandale, et je vois que ce n'est pas ça. Nous n'avons qu'à en rire avec tout le monde. Nous ne pouvons lui faire d'autre accueil ! »

Ce docteur est un homme d'esprit, son appréciation le prouve. Il est digne de figurer dans cette série. Je vais le servir à mes lecteurs.

M. Pujos est fils de médecin. C'est un beau brun à la démarche réfléchie. Deux choses surtout le signalent à ma plume. D'abord, on le dit d'une aisance qui le fait se soucier fort peu de la clientèle, et qui le fait tenir à l'écart des curées aux postes médicaux : on n'entend jamais parler de lui quand une vacance survient. Ensuite il est archiviste et bibliothécaire de la Société de Médecine.

C'est un poste qu'il n'a pas ambitionné et qu'il tient de l'offre spontanée de ses concitoyens... et collègues.

Chaque année, il fait un compte exact et consciencieux des richesses encaissées par la docte Compagnie. Jamais il n'y a eu le moindre soupçon de détournement de sa part, et jamais on n'entendra dire que le docteur Pujos s'est enfui en Espagne en emportant le ballot des archives, dont la valeur dans une salle de vente, un jour de liquidation sociale, pourrait bien se chiffrer à quelques centaines de francs et quelques centimes.

Si les libéraux qui brûlèrent la célèbre bibliothèque d'Alexandrie pouvaient venir à Bordeaux imbus de flambantes intentions, ils se conduiraient tout autrement à l'égard de celle que possède notre Société de Médecine.

Mais revenons à notre archiviste. Son poste médical au Midi fait son bonheur. Chaque année, grâce aux prérogatives issues de sa situation, le docteur bordelais s'emploie à voyager sur presque toutes les lignes ferrées de France et de Navarre.

C'est une manière tout comme une autre de s'instruire, et je suis persuadé que notre héros sait en profiter. Voyagez! voyagez, docteur, si cela peut vous plaire; butinez par-ci, butinez par-là, de façon à posséder quelque jour un gros bagage scientifique et littéraire. Mais faites toujours confectionner vos redingotes à Bordeaux, pour qu'elles soient les sœurs de celles qui entourent les épaules de vos collègues MM. Baudrimont et Mallet!

En effet, les connaisseurs en coupe ont remarqué que les redingotes portées par ces trois honorables docteurs sortent de la main du même artiste.

Mais je réfléchis que nous sommes à l'époque des voyages. M. Pujos ne doit pas être à Bordeaux... Où diable peut-il avoir dirigé ses pas?... Est-il en Italie? en Autriche ou en Bosnie, où il pourrait se rendre compte — tout en trouvant de l'occupation — des bons effets produits par le Congrès de Berlin, Congrès qui a oublié sans doute que pour qu'une telle œuvre fût durable, il faudrait encore brûler des millions de barils de poudre et procurer à la terre des millions de cadavres, le tout pour satisfaire trois ou quatre personnalités.

O intelligence humaine! Et vivent les voyages!...

Ah! si les médecins de Bordeaux étaient de la trempe de M. Pujos, combien la santé publique y gagnerait, et comme le nombre des malades diminuerait de jour en jour!

M. BONNEFIN

Si l'on allait consulter l'écho, dans la vallée qui avoisine le vaste champ sur lequel repose la montagne médicale bordelaise, pour savoir ce qu'est le docteur Bonnefin, — l'écho répondrait avec cet ensemble et cette naïveté qui le caractérisent :

« *Gendre du vieux Brulatour ! Gendre du vieux Brulatour !* »

C'est à faire croire que le docteur Brulatour n'a jamais été jeune, que tout le monde l'a connu vieux, et que le docteur Bonnefin lui-même n'a connu son beau-père qu'à l'état de *vieux Brulatour*.

Mais, alors, qu'était donc le vieux Brulatour ?

A cette question, une foule de petites historiettes s'approchent et forment le cercle. L'une d'elles, la plus grassouillette, porte à la main un manuscrit qui a pour titre : « *Histoire des démêlés du vieux Brulatour avec le docteur Elie Gintrac.* » Il y a donc eu quelque chose dans Landerneau !

A force d'entendre parler du *vieux Brulatour*, son beau-père, le docteur Bonnefin, lui aussi, s'est avisé de devenir vieux. On peut le voir, chaque jour, se promener à pas comptés, tout de noir habillé ; en effet, à part la cravate, qui est blanche, gilet, pantalon, habit et pardessus, qu'il porte sur le bras, tout est noir, noir comme les ombres vengeresses qui se dressent la nuit devant ceux qui ont failli à leur devoir.

M. le docteur Bonnefin, malgré ses cheveux blancs, a le visage riant et rosé ; son caractère est comme son visage, et il laisse sur ceux qui l'approchent une impression qui flatte le souvenir. Sa conversation est des plus affables, et on aime à causer avec lui pour l'entendre causer.

Ce sont de ces types qui n'inspirent aucune défiance : le parapluie qu'il tient à la main les jours de pluie est le même objet qui lui sert de canne lorsque le ciel, moins courroucé, se montre souriant comme son visage. On ne peut pas dire assurément, à ce compte, que le docteur Bonnefin est porteur d'armes à feu.

Au temps où les marquises de l'empire régnaient, l'une d'elles eut la puissance de modifier le service médical de la Prison départementale ; exploit d'où découle encore une de ces petites historiettes qui entourent l'existence du docteur Bonnefin.

Il était alors depuis longtemps médecin-adjoint de cet établissement éminemment d'utilité publique, et il attendait avec patience — ou impatience, comme on voudra — le moment où le médecin titulaire, le docteur Arnozan, prendrait sa retraite.

Ici s'avance une autre historiette qui nous dit qu'au lieu et place du docteur Bonnefin, qui avait des droits à la succession du docteur Arnozan, on installa un protégé, nouvellement débarqué de Saint-Pétersbourg, où il avait exercé d'autres fonctions que celles qui sont du ressort de la médecine.

Il y avait de quoi sortir de ses gonds. Le docteur Bonnefin se refusa formellement de remplir le rôle d'adjoint auprès d'un jeune homme qui n'était guère qu'un inconnu à Bordeaux : il se retira noblement sous sa tente.

Et voilà ce que disent les historiettes à l'endroit du gendre de l'immortel *vieux Brulatour*.

Il reste cependant une particularité à signaler : à l'encontre de bon nombre de ses collègues qui ont fait embrasser la carrière médicale à leurs fils — ce dont je suis loin de les blâmer, parce que le métier paraît assez lucratif, — M. le docteur Bonnefin n'a pas voulu faire de son fils un médecin, ce qui ne regarde que lui sûrement ; mais il en résulte ceci : c'est que lorsque le gendre du *vieux Brulatour* sera devenu assez vieux pour ne plus regimber, devant l'appel suprême, ses collègues, en l'accompagnant aux sombres bords du Ténare, pourront au moins se bercer de cette douce illusion que celui qui les quitte leur laisse le droit plein et entier de bénéficier d'une part quelconque de son héritage médical.

Tout ce que je viens de dire de l'histoire d'outre-tombe ne m'empêche point d'être imbu d'une persuasion : c'est que bon nombre des collègues du docteur Bonnefin iront avant lui, quoique plus jeunes, commander le fameux souper chez Pluton.

(A savoir si l'on y sera aussi bien que chez Nicolet?)
Et je suis heureux d'être convaincu de la réalisation d'un événement semblable ; car vraiment M. Bonnefin est de ceux que l'humanité regrette, parce qu'ils ont contribué à faire aimer l'humanité, tout en l'aimant et en lui rendant des services.

M. BETBEDER

M. Betbeder est un médecin instruit et un excellent praticien. Il est bon et généreux envers ses malades et il ne peut qu'être estimé de ses confrères qu'il ne cherche à gêner d'aucune façon.

Sans ambition, en dehors de toute coterie, faisant de la médecine en homme consciencieux, le docteur Betbeder vit retiré dans son petit et modeste ménage de garçon, rue du Mirail, où il vieillit sans qu'on s'en aperçoive et sans qu'on l'inquiète, mais non sans acheter de temps en temps, avec une prudence excessive, des valeurs mobilières dont il disposera en faveur de quelqu'un probablement : il doit avoir des filleuls et des neveux, race qui ne s'éteindra jamais.

Ce docteur a une verte vieillesse ; il est gros et il a l'apparence de la santé. S'il est vieux garçon, il n'en a pas les habitudes : ainsi, les banquets ne sont guère de son goût et les distractions coûteuses ne lui plaisent pas ; il est peu bruyant, et il ne recherche ni ne fuit la société de ses confrères.

Pour bien définir le caractère de M. Betbeder, on doit dire qu'il est casanier, qu'il n'aime pas à changer de domicile ; qu'il ne veut entraver personne et n'aime pas à être entravé, et qu'il trouve tout naturel que chacun cherche à tirer honnêtement son épingle du jeu. Au fond, c'est un excellent homme, détestant la plaisanterie un peu forcée ou inopportune. On ne l'a jamais vu fumer.

M. Betbeder est un des rares médecins de Bordeaux — je pourrais dire de France — dont l'écriture, correcte et régulière, est aussi lisible que des pages sortant d'une imprimerie. Son style est clair et précis, et seule sa manière d'écrire dénote de l'éducation.

Il est grand ami du docteur Lamarque, et comme il sait que ce dernier est amateur de tout ce qui a trait à la chirurgie, il l'appelle quelquefois quand se présentent des cas difficiles ou douteux.

Quel est l'âge du docteur Betbeder ? On n'en sait rien, sinon que son doctorat date de 1837 ; ce n'est pas d'hier.

> Mais chaque jour il voit renaître
> Des *valeurs* qu'il pourra cueillir ;
> Faire un doux emploi de son être,
> Les amis, ce n'est pas vieillir !

En effet, notre conservateur doit en avoir pour longtemps encore, si l'on en juge par les apparences ; il se soigne tout particulièrement et il n'abandonnera que le plus tard possible sa *grenouille* et son pot à tabac en poudre.

C'est sur le docteur Betbeder, cet homme bienveillant, affable, que je vais clore la deuxième série des *Médecins bordelais*. On se rappelle que c'est le docteur Buisson qui termine la première, et on n'a pas oublié les réflexions que son nom significatif avait suggérées à l'endroit de la future critique dont les professeurs de la nouvelle Faculté devaient être l'objectif.

Eh bien ! il est aujourd'hui un fait certain qui ne peut être mis en doute : ce sont les vingt-trois lignes de conclusion venant immédiatement après M. Buisson qui ont jeté l'épouvante non pas dans le corps médical, mais dans une infime partie de ce corps. Le présent était peu de chose : on craignait pour l'avenir.

Mais pourquoi se plaindre par anticipation ? Pourquoi crier avant d'avoir reçu le mal ?

Il est évident que si j'avais outrepassé mes droits de critique en confectionnant la première série de *Nos Médecins bordelais*; si j'avais franchi ce mur que je veux non-seulement respecter mais faire respecter, j'aurais déjà goûté la soupe du fort du Hâ, c'est-à-dire que j'aurais reçu le châtiment mérité.

Tout cela n'étant pas, c'est la logique elle-même qui me donne raison : ma plume n'avait commis aucun écart; mais on craignait que cette plume n'allât trop loin par la suite. Pourquoi le craignait-on ?

Quelque crime toujours précède les grands crimes !

Est-ce d'hier que j'écris ? A-t-on trouvé dans mes

humbles produits littéraires quelque chose qui sente l'indignité? Je ne le crois pas. Pourquoi alors me prêter des intentions qui ne feront jamais partie de mon caractère?

Ah! si j'avais voulu rechercher, comme tant d'autres, coûte que coûte, une popularité bâtarde, il y a longtemps que j'aurais atteint ce but. Dieu merci, ce sont d'autres sentiments qui m'animent! Et si j'ai pris la plume pour m'occuper des médecins bordelais, c'est parce que j'ai la conviction que mon œuvre sera une œuvre utile et qu'il en résultera de bons effets. L'avenir, qui est le seul juge, en décidera.

PETITE CORRESPONDANCE

PETITE CORRESPONDANCE

Je crois devoir mettre sous les yeux de mes lecteurs les vers suivants, qui m'ont été adressés par le docteur Lamarque. C'est une œuvre originale qui a sa place marquée dans ce livre.

A L'AUTEUR

DE

Nos Médecins Bordelais.

Un pharmacien ami m'offre à lire un ouvrage ;
Feuilletant chaque page, on y voit mon image :
Grâce à vous et merci, de moi, j'ai le portrait :
Vos vers, vos jolis vers, me peignent trait pour trait.
Loin de moi la pensée, hélas, d'être poète :
Mais votre luth plaisant me fait perdre la tête.
Jamais, peintre n'a pu de son pinceau savant
Tirer de ma personne un tableau si frappant !

N'allez pas m'en vouloir si je suis court de taille,
Si mon père en semant ne faisait rien qui vaille.
Aussi pour le petit que la nature a fait,
Noble enfant du Parnasse, insertion s'il vous plaît.
Je suis toujours en noir, la profession l'exige,
Vous l'avez fort bien dit, noblesse vous oblige.
Si ma face maigrette a touché votre cœur,
Votre prose charmante a doublé mon ardeur.
Oui, je vais, dès demain, circuler dans la rue
Sans caleçon, sans bas, mais non la tête nue.
Étant encore vert, tracassé par l'amour,
Ma foi, sans couvre-chef, honte j'aurais le jour ;
Car mes cheveux blanchis à nuance inconnue
Feraient peur au beau sexe à la première vue.
On m'appelle et j'y cours avec lancette en main,
Ouverte, pique juste, et le mourant revient !
Le savoir marche à pied, l'ignorance en voiture,
A la faveur toujours elle doit sa monture.
Si j'étais grand docteur au ruban carillon,
A carrosse flambant, à valet, à blason...
Mais non, croyez en moi, vrai, c'est une galère...
A toute heure je sors, sans canne, en prolétaire ;
Et malgré mon grand âge, entre nous, l'avouant,
Je sautille et je danse en chemin rimaillant.
Et sans être Cyprien, j'aime la poésie ;
Au jeune Vergely de chanter l'harmonie !
Si le ciel a voulu me refuser ce don,
A vous, à vos lecteurs je demande pardon.
Jamais, chez un préfet je ne fis antichambre,
Pour poser tricolore à ma robe de chambre.
Lamarque, morceau d'homme, au folâtre cerveau.
Sans être Nélaton, encore moins Velpeau,
Sans honneurs d'ici-bas, hors de l'Académie
Passe sur cette terre une agréable vie ;

Rêve, qu'il raccourcit et prolonge souvent
A la fille gentille il fait un compliment ;
Lorsqu'il est en visite un gant reste à sa poche,
L'autre mis sans façon s'étale à la main gauche ;
Ainsi coulent ses ans avec frivolité.
Vous priant de compter sur sa franche amitié,
Attend, dans cet espoir, la seconde série ;
De la lui réserver, à son tour, vous supplie,
Et vous laisse en passant ce pauvre et triste écrit,
Hommage sans attrait d'un mortel décrépit,
Qui, pour tout agrément, porte cravate blanche,
Et, fidèle à l'usage, en change le dimanche...
Seul trésor de son cou, que le temps trop pressé
Dans sa course rapide a follement plissé.

Vale amice,

Dr LAMARQUE.

14 juillet 1878.

M. le docteur Lamarque est un des hommes les plus populaires de Bordeaux. Il est doué d'une mémoire prodigieuse et d'une ardente imagination. Il a l'esprit athénien et la verve gauloise, et il ne manque pas de fond. Combien de personnes ont eu à essuyer le feu de ses poésies plus ou moins sentimentales ou caustiques ! Et combien de réprimandes il a distribuées aux uns et aux autres ! Dernièrement il s'approchait de deux jeunes *cadets*, MM. A... et D..., porteurs d'ombrelles, et leur reprochait de chercher à paralyser les effets du soleil. « De mon temps, leur dit-il, le soleil chauffait aussi fort qu'aujourd'hui, et nous ne portions pas

ces objets, qui ont été inventés pour efféminer. »
Et le docteur avait raison.

Comme praticien, M. Lamarque à accompli des exploits scientifiques que bien d'autres voudraient avoir à leur actif. Il a fait des opérations bien difficiles couronnées par les plus heureux résultats. Un jour, il fut appelé à couper la langue d'un enfant qui était infectée d'une tumeur. Quand il eut quitté le jeune opéré, il dit à quelques-uns de ses confrères :

« Messieurs, je viens de faire deux opérations au lieu d'une !

— Comment ?

— En coupant la langue de cet enfant, j'ai coupé la vôtre ! »

Ceci dépeint l'homme et le médecin.

La première et la deuxième édition de *Bordelaises et Bordelais en 1878* étant complètement épuisées, il m'est de toute impossibilité de faire honneur aux demandes qui me parviennent verbalement ou par écrit. Je le regrette profondément, à cause des collectionneurs qui tiendraient à posséder cette œuvre, dont il ne sera pas fait de troisième édition.

J'ai eu soin, cependant, de faire annoncer dans les journaux tout ce que j'ai écrit jusqu'à présent

— et je dois reconnaître que les directeurs des principaux organes de la presse bordelaise ont été à ce sujet d'une complaisance des plus confraternelles ; — mon imprimeur, de son côté, a eu l'obligeance de conserver la composition assez longtemps ; — ce qui veut dire que rien n'a été négligé pour satisfaire autant que possible les exigences et les goûts du public.

A cet effet, puis-je prier mes lecteurs et correspondants de m'aider, à l'avenir, dans mon œuvre de décentralisation littéraire, en y intéressant leurs amis ? Ceci s'adresse surtout à mes lecteurs des départements.

Quant aux *Cuisiniers politiques,* dont je reçois encore des demandes, les trois éditions sont depuis longtemps épuisées. J'ai songé à en publier une quatrième avec les remaniements et les ajoutés indispensables : il se pourrait bien que ce fût pour l'année prochaine.

A propos de *Bordelaises et Bordelais,* je veux citer une anecdote :

Une de nos plus gracieuses Bordelaises, Mlle ******, que j'ai l'honneur de compter parmi mes lectrices, avait prêté le volume à une amie, qui l'avait prêté peut-être à sa voisine, et, finalement, le volume était en voyage. Une nuit, Mlle ****** rêve que son livre est à jamais perdu. Elle s'écrie dans son délire : « Rendez-moi mes *Bordelaises!* Qui me rendra mes *Bordelaises?* »

Je suis heureux de remercier ici mon aimable lectrice de l'intérêt qu'elle prend à mes écrits, et je vais à ce sujet faire une comparaison historique :

Varus, général de l'empereur Auguste, avait péri avec ses légions, grâce au stratagème employé par Arminius, qui commandait les Germains. Cette perte affligea tellement l'empereur qu'il s'écriait pendant ses longues insomnies : « Varus, Varus! rends-moi mes légions! »

Je tenais à comparer la gracieuse Mlle ****** à l'empereur Auguste ; mais je me plais à croire que la comparaison n'est exacte que sur un point : elle a dû rentrer en possession de son livre tandis qu'Auguste ne revit pas ses soldats.

Puisque le capitaine Lesfargues-Lagrange a servi de sujet à des conversations dans un certain milieu, je veux et dois donner brièvement quelques renseignements *qui ne peuvent manquer d'aller à leur adresse* et qui pourront servir à ceux qui voudront s'occuper de lui à l'avenir.

Le capitaine Lesfargues-Lagrange commandait la 7e compagnie du 2e bataillon de la 1re légion (19e corps, armée de la Loire). Sa plus grande préoccupation avait trait à la nourriture de ses hommes et à leur armement.

Après l'échec de Chanzy au Mans, les troupes qui se trouvaient cantonnées aux environs de Cherbourg reçurent précipitamment l'ordre de se mettre en route pour aller former l'aile gauche de l'armée de la Loire. La 1re légion marcha sur Valognes nuitamment. C'est là qu'elle devait prendre la ligne ferrée.

L'encombrement fut cause que l'embarquement se fit longtemps attendre. Il faisait un temps affreux. Le capitaine Lesfargues-Lagrange, pour se distraire, en attendant, regardait défiler de l'artillerie qu'on avait fait venir de Rennes à marche forcée. Tout à coup, un personnage ayant rang de commandant, *qui fréquentait l'état-major de la 1re légion*, vint se placer à son côté : « Il paraît que ça va chauffer ! » dit le capitaine à son voisin, qui paraissait peu communicatif; et il ajouta : « Je ne regrette qu'une chose : c'est que les fusils de ma compagnie n'aient pas été retouchés. » (On en avait retouché d'autres ou essayé de les retoucher.)

« Vous avez tort de tenir de tels propos ! » répondit alors d'un ton plein de suffisance le personnage ayant rang de commandant.

Plus tard, le 27 janvier 1871, la 7e compagnie reçut l'ordre d'aller toucher à la gare de Lonlay-le-Tesson (Orne), en échange de ses mauvais fusils à tabatière, des chassepots destinés à la 1re légion. Quand arriva le tour de sa compagnie, le capitaine Lesfargues-Lagrange examina les fusils qu'on allait lui délivrer. Il en prit un, essaya d'encastrer le sabre-baïonnette : ce fut peine inutile; il en prit un autre : même insuccès. Ces armes *n'avaient pas de numéro d'ordre.*

Sur ces entrefaites, le colonel arriva et demanda des nouvelles des fusils. Le capitaine répondit tout bonnement :
« Ils paraissent en bon état, mais les sabres-baïonnettes ne peuvent pas tous s'encastrer. »

Ce fut assez : huit jours d'arrêts simples, changés en huit jours d'arrêts de rigueur par le général Luzeux ; un ordre du jour, lu à l'appel devant toute une division, ordre où il était parlé d'*auxiliaire de l'ennemi*, de révocation, furent la récompense donnée à un homme qui n'a jamais manqué à son devoir et qui, dans toutes les circonstances de la vie, a accompli consciencieusement la tâche à lui confiée...

On est fixé dès lors. Voilà quelle est la base des punitions infligées au capitaine Lesfargues-Lagrange.

Maintenant que nous avons quitté l'habit galonné, que nous sommes redevenus de simples citoyens, je veux flétrir avec toute l'énergie que peut contenir une conscience outragée la conduite des lâches qui, par esprit de coterie devenus accessibles aux petitesses, ne craignent pas de rendre, d'un cœur léger, des arrêts qui peuvent toucher à la dignité humaine. Il faut que l'on sache que le tribunal de l'opinion publique peut tôt ou tard être appelé à juger en dernier ressort, et que les hommes sont sujets à se rencontrer !....

Au moment où j'allais donner le *bon à tirer* de la deuxième série des *Médecins bordelais*, j'ai reçu, entre autres communications, un manuscrit assez volumineux qui n'est autre chose que ma biographie.

L'auteur est-il médecin ? C'est ce que je suppose.
Quel est-il ? Ici je donne ma langue au chat.

En fait de docteurs, il n'y a à Bordeaux que M. Betbeder capable de tracer sur le papier une cursive semblable à celle qui figure sur les pages jetées nuitamment dans ma boîte aux lettres par une main quelconque.

Donc il est évident que le manuscrit arrivé à mon adresse est la copie d'un original mystérieux.

Je ne veux pas user du droit qui appartient à tout le monde, de considérer comme non avenue une communication non signée ; je veux au contraire faire acte d'opportunisme et me montrer plein d'égards vis-à-vis d'un inconnu et d'une situation.

Il n'y a pas de règle sans exception.

Quel que soit l'auteur de l'œuvre que j'ai reçue, je le félicite sur sa manière d'écrire et sur la façon dont il a su s'employer pour avoir des renseignements. J'ignore s'il est né sur les bords de la Garonne, mais à coup sûr il est malin.

A ce compte, puis-je lui demander pourquoi il s'aventure si tardivement à me demander l'insertion dans la présente série du portrait qui me concerne ?

« Je n'ai nullement l'intention, dit-il, page 7, de
» piquer votre épiderme, qui me paraît assez épais ;
» ni d'écorcher votre chair, qui s'est engraissée
» depuis vos fameuses fatigues militaires ; ni d'en-
» lever aucun morceau à votre constitution, devenue
» plus robuste dans les douceurs de la paix. Je ne
» sais vraiment pas si je réussirai à vous photogra-

» phier dans de pareilles conditions de ménage-
» ment; mais, quel que soit dans votre appréciation
» le degré d'exactitude du portrait que je vais
» tenter, je vous somme, *au nom du libéralisme*
» que vous invoquez à tout instant, de l'insérer
» dans votre prochaine galerie. »

Ici je vais répondre sérieusement à mon correspondant : De même que la liberté est voisine de la licence, le libéralisme est voisin de l'idiotisme. Je n'ai envie de cultiver ni l'une ni l'autre de ces extrémités.

Au-dessus du prétendu libéralisme, il y a la raison et le bon sens.

Autant que je le jugerai utile, je ne me gênerai pas pour me défendre dans mes brochures contre des accusations malveillantes — c'est ce que je fais, du reste, dans la présente série; — mais jamais je ne consentirai à insérer, sauf cas de force majeure, des lignes qui jureraient doublement tant au point de vue de ma dignité propre qu'à celui des égards que je dois au public.

J'engage donc l'écrivain original et humoristique — « qui veut imiter ou chercher à imiter ma manière d'écrire » et qui prétend ne pas avoir « mon expérience qui grandit tous les jours, » — à faire imprimer à part l'œuvre qu'il a cru devoir m'adresser sous enveloppe. Je lui appartiens comme écrivain, et je lui reconnais des aptitudes qui sont loin de courir les rues.

Je veux toutefois l'avertir qu'il doit songer à modérer sa plume quand elle entre dans la vie privée. On peut toucher là-dedans, mais il faut savoir le faire autrement qu'à la légère. Il faut savoir aussi discerner et toujours éviter de prendre « un chat pour un lièvre et un merle pour une grive ». Le superficiel est toujours un mauvais jalon.

Que le photographe-écrivain y prenne garde ! Quiconque a souci de sa dignité personnelle ne peut manquer de posséder l'esprit de famille. Ces deux terrains sont limitrophes. Qui touche au dernier frise le premier. C'est dire assez clairement à qui de droit que les phrases trop hasardées seront l'objet d'une attention spéciale.

On verra, on pèsera ultérieurement, et on n'aura pas besoin d'assembler tout un régiment de collègues pour savoir s'il y a lieu ou non de demander une réparation par les armes.

Une conscience sans peur et sans reproche a qualité pour se prononcer instantanément.

Il existe de par la ville deux amis qui n'attendent qu'un signal pour entrer en campagne, et il y a non loin du château de Haut-Brion une place désignée par la nature pour servir à certains exploits !

Un médecin ou un écrivain de moins dans le monde n'aurait point pour effet d'enrayer la marche des saisons en général et celle de la bêtise humaine en particulier.

TABLE DES MATIÈRES

Aux Lecteurs	3
M. Azam	15
M. Bitot	21
M. Oré	25
M. Lannelongue	29
M. Labatut	33
M. Laclaverie	37
M. Guépin	41
M. Obissier	45
M. Segay	49
M. Marmisse	53
M. Testut	57
M. Lefour	61
M. Montalier	65
M. Pujos	71
M. Bonnefin	77
M. Betbeder	81
Petite correspondance	87

Bordeaux. Imp. générale d'É. CRUGY, rue et hôtel St-Siméon, 16.

www.ingramcontent.com/pod-product-compliance
Lightning Source LLC
LaVergne TN
LVHW050639090426
835512LV00007B/926